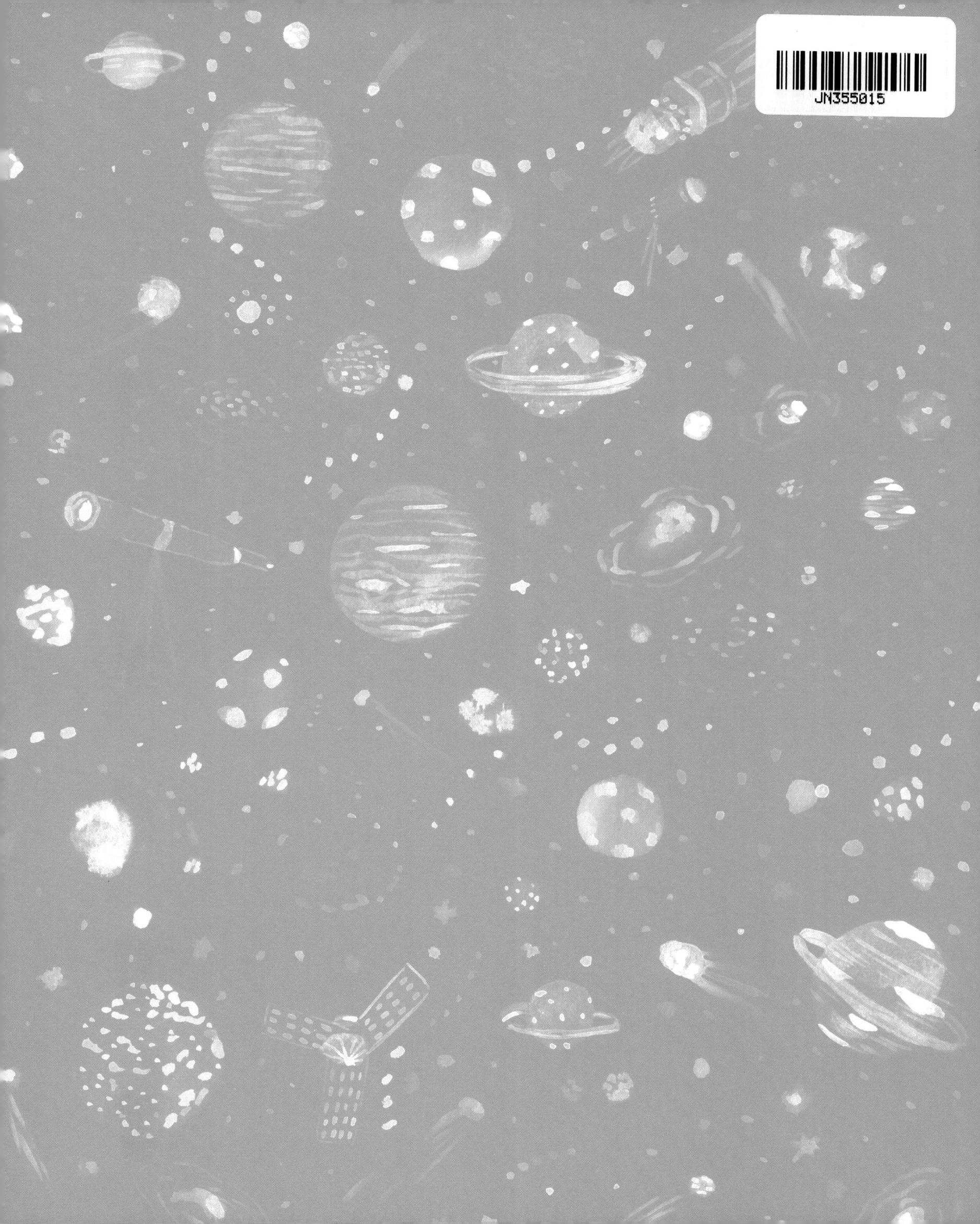

### 글 노엘리아 곤살레스

우루과이에서 태어나 미국 메릴랜드주에서 자랐다. 미국 항공우주국(NASA) 우주 비행 센터(Goddard)에서 선임 과학 작가로 10여 년간 일하며 과학 기술에 대한 글을 썼다. 멀티미디어 제작과 글쓰기에 대한 열정이 풍부해 NASA 편집자, NASA 팟캐스트 수석 프로듀서와 진행자로도 활동 중이다. 남극 대륙, 알래스카, 남미의 여러 국가를 이동하며 미국과 우루과이의 언론 매체에서 다양한 글을 쓰고 있다.

### 그림 사라 보카치니 메도스

뉴욕 브루클린에서 디자이너, 일러스트레이터, 그리고 예술가로서 다양하게 활동 중이다. 수채화를 비롯해 아라비아고무가 섞인 수채 물감인 과슈를 사용하여 독특한 그림을 그린다. 오랫동안 기후 행동과 여성의 권리를 지지해 왔으며, 자신의 예술을 통해 그 변화를 만들고자 노력 중이다. 그린 책으로는 《Grow 그로우》, 《지금 우리가 할 수 있는 일》 등이 있다.

### 옮김 고정아

연세대학교 영어영문학과를 졸업하고 번역가로 일하고 있다. 번역한 책으로는 《우리는 우주를 꿈꾼다》, 《엘 데포》, 《진짜 친구》, 《다정한 사람들은 어디에나》, 《전망 좋은 방》, 《컬러 퍼플》 등이 있고, 그중 《천국의 작은 새》로 2012년 유영번역상을 받았다.

### 감수 심채경

태양계 천체를 연구하는 행성과학자. 현재 한국천문연구원에 재직하며 달 탐사 프로젝트에 참여하고 있다. 지은 책으로는 《천문학자는 별을 보지 않는다》, 옮긴 책으로 《우아한 우주》 등이 있다.

---

피카 지식 그림책 02

**Glow 글로우**

**1판 1쇄 발행** 2024년 4월 20일 | **1판 4쇄 발행** 2024년 12월 20일
**글** 노엘리아 곤살레스 | **그림** 사라 보카치니 메도스 | **옮김** 고정아 | **감수** 심채경
**펴낸이** 김봉기 | **출판총괄** 임형준 | **편집** 김민정, 안진숙 | **디자인** 스튜디오 글리 | **마케팅** 선민영, 임정재, 조혜연
**펴낸곳** FIKA JUNIOR(피카주니어) | **주소** 서울시 서초구 서초대로77길 55 9층
**전화** 02-3476-6656 | **팩스** 02-6203-0551 | **홈페이지** https://fikabook.io | **이메일** junior@fikabook.io
**등록** 2020년 9월 28일 (제 2020-000281호)
**ISBN** 979-11-92869-17-9 (77440)

Glow © 2023 Magic Cat Publishing Ltd
Text © 2023 Noelia González
Illustrations © 2023 Sara Boccaccini Meadows
First Published in 2023 by Magic Cat Publishing Ltd
Korean translation copyright © 2024 FIKA
Korean translation rights arranged with Magic Cat Publishing Ltd through LENA AGENCY, Seoul, Korea.
All rights reserved.

이 책은 레나 에이전시를 통한 저작권자와 독점계약으로, 한국어판 저작권은 "FIK "에 있습니다.
저작권법에 의해 한국 내에서 보호를 받는 저작물이므로 무단 전재 및 복제를 금합니다.

- 책값은 뒤표지에 있습니다.
- 파본은 구입하신 서점에서 교환해 드립니다.
- 이 책은 저작권법에 의하여 보호를 받는 저작물이므로 무단 전재와 복제를 금합니다.
- 제조국 대한민국 | 사용연령 4세 이상
- 주의사항 종이에 손이 베이거나 긁히지 않도록 주의하세요.

> 피카 출판사는 독자 여러분의 아이디어와 원고 투고를 기다리고 있습니다.
> 책으로 펴내고 싶은 아이디어나 원고가 있으신 분은 이메일 junior@fikabook.io로 보내주세요.

노엘리아 곤살레스 글 ☀ 사라 보카치니 메도스 그림 ☀ 고정아 옮김 ☀ 심채경 감수

글로우

FiKA
Junior

나의 가장 밝은 별인 올리비아에게 — 노엘리아 곤살레스
나의 빛나는 두 별인 자이아와 프랜시스에게 — 사라 보카치니 메도스

우리 머리 위에는 우주를 내다보는 커다란 창이 있어요. 밤하늘을 보면 우리 행성 바깥에 무엇이 있는지를 엿볼 수 있지요. 특별한 도구는 필요 없어요. 초롱초롱한 두 눈과 약간의 호기심만 있으면 되지요. 하지만 어쩐 일인지 우리는 밤하늘과 별을 바라보지 않고 살아갑니다.

밤하늘을 보려면 멀리 갈 필요도 없어요. 문밖을 나서면 머리 위로 반짝이는 별과 환하게 빛나는 달, 환상적인 별자리를 볼 수 있어요. 떨어지는 유성도 보고, 가끔은 인간이 우주에 띄워 올린 기계도 볼 수 있지요. 또 태양계의 이웃들과 우리가 사는 은하도 관찰할 수 있어요.

하늘의 천체들은 밝건 흐리건 모두 우주의 슈퍼히어로예요. 그런 곳에는 사람이 살기 어렵답니다. 상상도 할 수 없는 엄청난 추위와 더위, 방사능, 가스 폭풍, 강력한 힘들이 있거든요. 수억, 수십억 년 전에 태어난 이 천체들을 연구하면 우리의 기원과 미래에 대한 실마리를 풀 수 있어요.

이 책은 하늘에 있는 열다섯의 슈퍼히어로를 소개해요. 이들을 살펴보면 하늘 저편에 너무도 많은 것이 있지만… 그래도 역시 우리 집인 지구가 제일이라는 것도 알 수 있지요.

이런 천체들은 우리에게 시간을 알려 주고 먼 길을 갈 때 이정표가 되었어요. 어떤 천체들은 지구에 생명이 살 수 있도록 도움을 주기도 한답니다. 사람들은 오랜 옛날부터 하늘을 보며 희망과 상상력을 키우고, 우주 탐사를 위해 눈부신 기술을 발전시켰어요. 우리는 어쩌다 여기 살게 되었을까? 앞으로는 어떻게 될까? 생명은 지구에만 있나? 인간은 오래전부터 이런 궁금증을 품었고, 이에 대한 답을 찾으려고 천체들을 연구하고 있어요.

별자리는 세월에 따라 변하지만 우리의 조상은 우리와 똑같은 하늘 아래에서 꿈을 꾸었어요. 그들은 이 세상과 신비로운 우주를 이해하려고 많은 이야기를 만들었지요. 해가 뜨는 원리, 달의 모양이 변하는 원리처럼 오늘날 평범하게 여겨지는 지식은 수백, 수천 년 동안의 관찰과 연구를 통해 밝혀진 것들이에요. 하지만 과학적 원리가 밝혀져도 이야기는 남아서 아직도 입에서 입으로 전해지지요.

이 책을 쓰면서 나는 어린 시절 별이 가득한 밤하늘을 바라볼 때처럼 감탄에 감탄을 거듭했어요. 하지만 이런 멋진 광경들을 당연하게 생각하는 일도 너무나 쉽지요.

여러분이 이 책을 읽고 밖으로 좀 더 자주 나가서 하늘을 바라보며 우주쇼를 즐기기를 바랍니다.

— 노엘리아 곤살레스

## 차 례

 8 → **달**
리듬과 재생의 천체

 12 → **태양**
생명과 빛의 별

 16 → **북극성**
방향과 신뢰의 별

 20 → **수성**
민첩함과 기발함의 행성

 24 → **오리온의 허리띠**
이야기와 3인조의 별들

 28 → **금성**
처음과 끝의 행성

 32 → **핼리 혜성**
경이와 경계의 천체

 36 → **화성**
탐사와 상상력의 행성

 40 → **알리오트**
자연과 항해의 별

 44 → **목성**
장중함과 웅대함의 행성

 48 → **시리우스**
광채와 충성의 별

 52 → **인공위성**
통신과 협력의 구조물

 56 → **아크룩스**
여행과 전통의 별

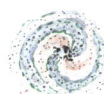 60 → **은하수**
광대함과 아득한 역사의 천체

 64 → **대기**
화려한 쇼와 보호의 기체

68 → **낱말 풀이**

69 → **더 알아보기, 찾아보기**

# 달

### 리듬과 재생의 천체

여러분은 얼마나 자주 달을 바라보며 궁금증을 품었나요? 달의 모양이 한 달 내내 바뀌는 것을 보았나요?

수천 년 전 사람들도 달을 보고 똑같은 생각을 했어요.

## 달 Moon
### 지구의 위성

지구의 오랜 동반자인 달은 밤하늘에서 가장 밝게 빛나는 천체예요.
달 자체는 변하지 않지만 우리가 보는 달의 모습은 항상 변해요.
이는 달이 지구를 돌 때 달 표면에 햇빛이 닿는 부분이 계속 바뀌기 때문이에요.

## 달의 위상

한 달 동안 변하는 달의 각기 다른 모습을 '위상'이라고 해요.

달이 지구를 한 바퀴 도는 데는 27일이 걸려요.
이 기간에 여덟 개의 위상이 생기지요. 지구의 북반구와 남반구에서는
달의 빛나는 부분이 서로 반대로 보여요.

   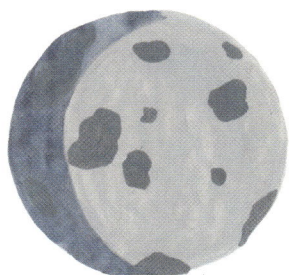

**1. 삭**
NEW MOON
햇빛이 달의 뒷면을 비추어서 앞면은 빛이 나지 않아요. 그래서 우리 눈에는 달이 보이지 않지요.

**2. 초승달**
WAXING CRESCENT
눈썹 모양의 가느다란 달이 생겨나요. 이때부터 달이 계속 커지는 일을 '달이 찬다'라고 말해요.

**3. 반달(상현달)**
FIRST QUARTER
달의 절반이 보이는 반달이에요. '상현달'이라는 말은 달이 차올라 갈 때의 반달을 가리켜요.

**4. 계속 차오르는 달**
WAXING GIBBOUS
반달보다 크고 보름달보다 작은 달이에요.

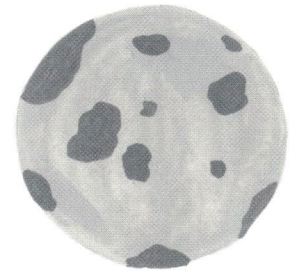 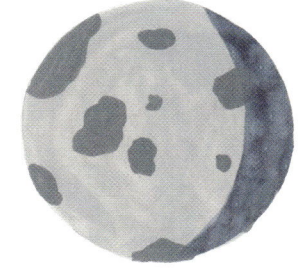  

**5. 보름달**
FULL MOON
햇빛이 달의 앞면 전체를 비추면 보름달이 돼요.

**6. 기우는 달**
WANING GIBBOUS
햇빛이 닿는 면적이 점점 줄어드는 걸 '달이 기운다'고 해요.

**7. 반달(하현달)**
THIRD (LAST) QUARTER
이때는 상현달과 모양이 반대인 하현달이 돼요.

**8. 그믐달**
WANING CRESCENT
'삭'이 되기 전의 마지막 위상이에요.

## 밀물과 썰물

달은 하늘에서 움직이면서 지구의 바다에도 영향을 미쳐요. 바다에서 매일 두 번씩 밀물과 썰물이 일어나는 건 달 때문이랍니다.

달은 지구에서 가장 가까운 천체로, 지구와의 평균 거리는 약 384,400km예요. 이것은 지구와 달 사이에 지구만 한 행성 30개가 들어갈 수 있는 거리예요.

# 달을 찾아봐요

달은 세상 어디에서도 거의 일 년 내내 볼 수 있어요.
하지만 시간, 관찰자의 위치, 달이 공전하는 위치에
따라서 달라지지요.

달은 태양과 마찬가지로 동쪽에서 떠서
서쪽으로 져요. 이는 지구의 자전 때문에
그렇게 보이는 거랍니다.
하지만 달도 지구를 돌기 때문에 달 자체도
하늘 서쪽에서 동쪽으로 천천히 움직여요.
달이 매일 밤 다른 시각에 뜨고 가끔은
낮에도 볼 수 있는 건 그 때문이지요.

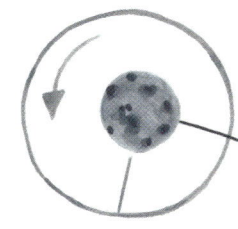

달이 한 바퀴 자전하는 데
걸리는 시간은…

…달이 지구를
한 바퀴 공전하는 데
걸리는 시간과 똑같아요.

그래서 우리는 항상
달의 한쪽 면만을
볼 수 있어요.

## 달의 뒷면 →

지구에서 볼 수 있는 달의 면을 앞면이라고 하고,
볼 수 없는 면은 뒷면이라고 해요.

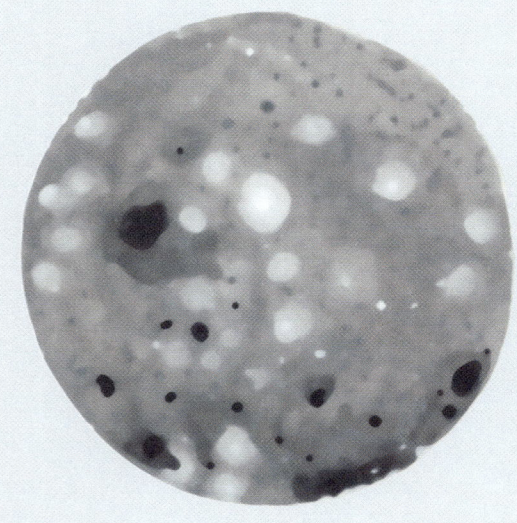

뒷면

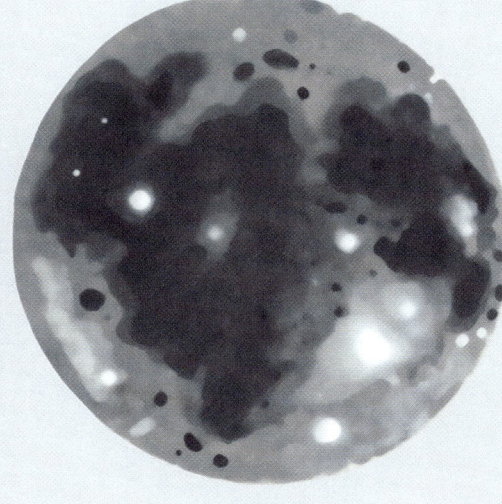

앞면

사람들은 오랜 옛날부터 달을 바라보았어요.
달이 차올랐다 기울었다 하는 모습은
시간의 흐름을 알려 주었지요.
달은 하늘에 걸린 달력하고 비슷했어요.

달은 맨눈에도 밝은 부분과
어두운 부분이 구별되어 보여요.
밝은 부분은 '높은 고원 지대'고,
어두운 부분은 '마리아 maria'라고 해요.
마리아는 라틴어로 '바다'라는 뜻이지만
달에 진짜 바다는 없어요.
이 부분은 실제로 수십억 년 전에
화산 용암이 흘러든 분지예요.
지금은 달에 얼음이 꽤 많다는 게
밝혀졌어요.

# 역사 속 달 이야기

여러 언어에서 '달'이라는 말은 한 달을 가리키는 말과 뿌리가 같아요. 유대인, 이슬람교도, 힌두교도, 중국인, 켈트인을 비롯한 많은 사람들이 아직도 달에 기대어 음력 달력을 쓰지요.

오스트레일리아의 많은 토착 부족 언어에서도 '달month(시간)'과 '달Moon(천체)'을 가리키는 말이 같아요.

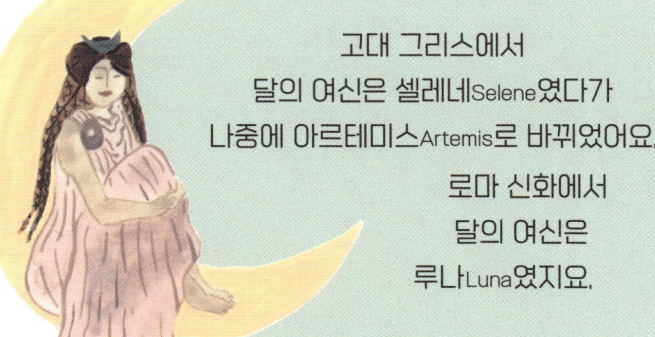

고대 그리스에서 달의 여신은 셀레네Selene였다가 나중에 아르테미스Artemis로 바뀌었어요. 로마 신화에서 달의 여신은 루나Luna였지요.

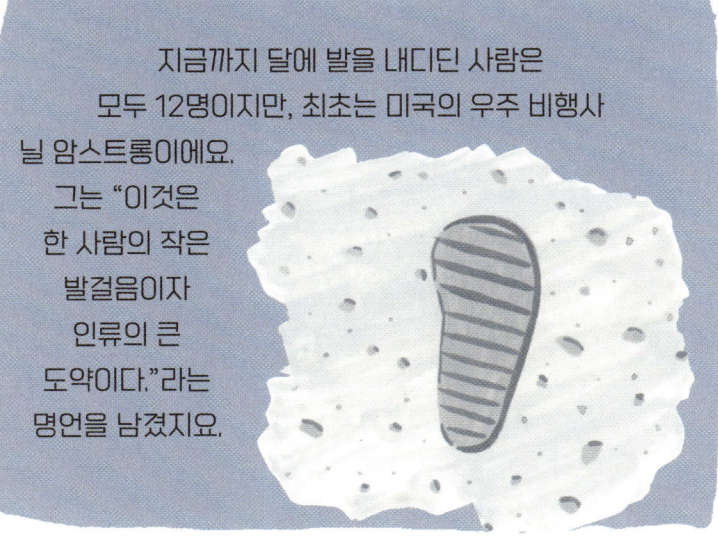

지금까지 달에 발을 내디딘 사람은 모두 12명이지만, 최초는 미국의 우주 비행사 닐 암스트롱이에요. 그는 "이것은 한 사람의 작은 발걸음이자 인류의 큰 도약이다."라는 명언을 남겼지요.

음력 1월 1일은 중국, 한국, 베트남, 말레이시아에서 가족들이 모이는 큰 명절이에요. 이날은 이른 봄의 삭날에 있어요.

나사(NASA, 미국 항공우주국)는 1968~1972년에 아폴로 계획을 실행해서 달에 유인 우주선을 여러 대 보냈어요. 그러다 1969년 7월 20일에 아폴로 11호의 우주 비행사들이 처음으로 달에 인간의 발을 디뎠어요.

옛날 중국인들은 달에서 옥토끼의 모습을 보았어요. 옥토끼는 달의 여신 항아Chang'e와 함께 산다고 생각했지요.

유럽의 많은 사람들은 달을 보고 사람 얼굴 모양같다고 생각했어요. 1902년의 유명한 프랑스 영화 〈달나라 여행〉은 이 생각을 바탕으로 만들어졌지요.

# 태양

## 생명과 빛의 별

태양이 지면 밤이 돼요. 그런데 태양은 우리 눈에 보이지 않을 때도 열과 빛을 내며 지구에 에너지를 줘요. 태양이 없으면 지구 위의 생명은 살아갈 수 없답니다.

# 태양 Sun
## 태양계의 중심

태양은 태양계 중심에 있는 별(항성)이에요. 지구가 우리 집이라면 태양계는 우리 동네라고 할 수 있지요. 우리 동네에는 다른 행성들과 함께 왜소행성, 달, 소행성, 유성체, 혜성도 있어요. 태양계의 모든 것은 태양을 공전해요. 태양도 우리은하의 중심부를 공전하지요.

## 일식

일식은 해가 가려지는 일을 말해요. 달이 지구와 태양 사이에 들어와서 생겨요. 낮에 이런 일이 일어나면, 지구의 특정 부분에 달그림자가 드리워지고, 그런 지역에서 일식이 관찰되지요.

## 8분

태양은 밤하늘의 별들하고는 아주 다르게 보여요. 태양의 위치가 지구와 훨씬 가깝기 때문이지요. 그래도 태양과 지구의 거리는 1억 5천만km 정도라서 햇빛이 태양에서 지구까지 날아오는 데는 8분 남짓이 걸린답니다!

일식을 관찰할 때는 조심해야 해요. 태양을 똑바로 바라보면 눈 건강에 좋지 않아요.

태양 안에 지구를 넣으면 백만 개도 넘게 들어가요.

태양은 엄청나게 뜨거운 가스(수소와 헬륨)가 거대하게 뭉친 덩어리예요. 태양 중심부의 온도는 1,500만°C나 되지요! 다행히 지구는 태양과 딱 적당한 거리에 있어서 지금처럼 생명이 살아갈 수 있어요.

## 월식

달이 가려지는 일을 월식이라 해요. 월식은 보름달이 떴을 때만 일어날 수 있어요. 이것은 지구가 태양과 달 사이에 들어가서 생겨요. 월식이 일어나면 달이 지구 그림자에 가려져서 어두워졌다가 그림자를 벗어나면서 다시 밝아져요.

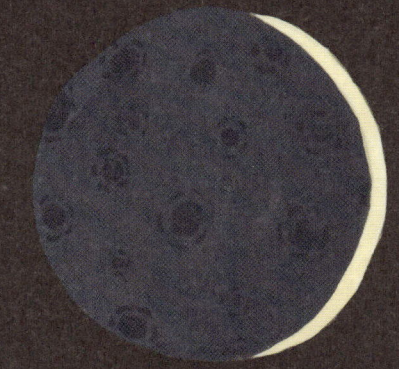

## 햇빛 덕분에!

지구에 동물과 식물이 살 수 있는 건
햇빛의 열과 빛 덕분이에요.

식물은 햇빛 덕분에 '광합성'을 해서
스스로 영양분을 만들어요.
광합성은 햇빛, 이산화탄소, 물을 재료로
당분과 산소를 만드는 일이지요.
산소는 우리가 숨 쉬는 데뿐 아니라
지구에 사는 생명체 대부분에게
꼭 필요한 공기예요.

지구의 날씨와 기후는 태양과 지구의 협력으로
생겨나요. 태양은 지구의 물을 순환시키고,
바닷물을 데워서 해류도 일으키지요.

## 인류 최초의 시계

지구는 자전하는 동시에 태양을 공전해요.
이 방식 때문에 우리는 시간을 측정할 수 있어요.

지구는 24시간 동안 축을 중심으로 한 바퀴 돌아요(자전).
이것이 하루의 길이예요.
지구는 또 약 365일 동안 태양 주변을 한 바퀴 돌아요(공전).
이것이 일 년의 길이예요.
그러니 우리 생일도 지구가 태양을 도는 속도와 관련이 있지요!

## 계절이 생기는 이유

지구의 계절은 우리가 사는 지역이
태양과 어떤 각도로 만나느냐에 따라 결정돼요.
우리가 사는 반구(지구의 반쪽)가
태양 쪽으로 기울어져 있으면,
여름이 되어서 낮이 길고 기온이 높아져요.
북반구의 경우 낮이 가장 긴 날인 하지는 6월에 있어요.

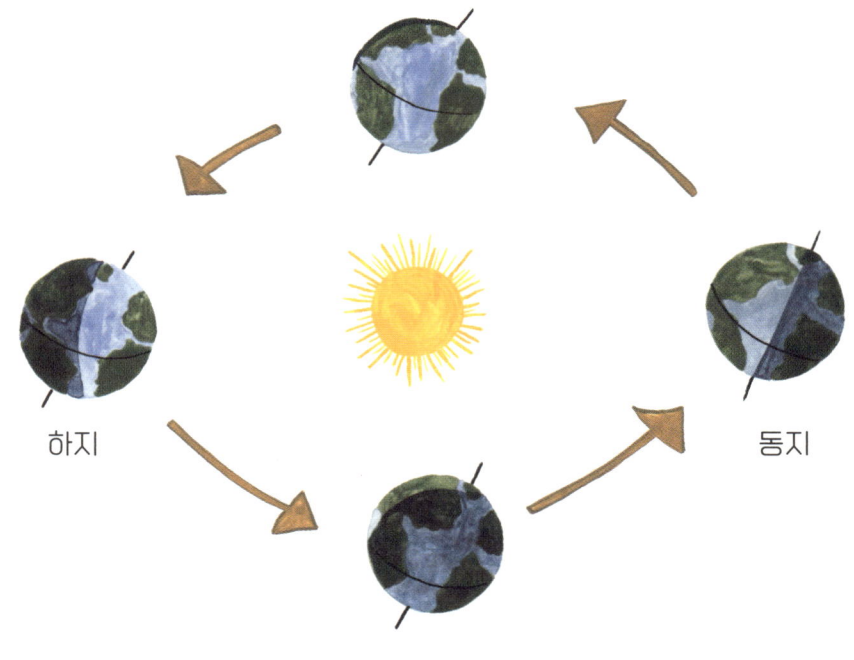

동지(낮의 길이가 가장 짧고 밤이 가장 긴 날)는
북반구의 경우 12월에 있어요. 이때는 반구가
태양 반대편으로 가장 크게 기울어져 있지요.

사람들은 옛날부터 하늘을 관찰했어요. 시간의 흐름을 파악하기 위해서였죠.

인류 최초의 시계는 해시계였어요. 해시계는 햇빛이 드리우는 그림자의 방향을 보고 대강의 시각을 알게 해 주는 장치예요. 이집트에서는 기원전 1500년의 해시계들이 발견되었답니다.
세계 곳곳의 문명들은 각기 다른 달력을 만들었어요. 태양 달력(태양력)은 지구가 태양을 공전하는 시간을 기준으로 만든 달력이지요. 천문학이 발달했던 고대 마야 문명은 1년이 365일로 이루어진 태양력을 만들어서 농업에 활용했어요.

## 역사 속 태양 이야기

수천 년 전에 살았던 인류의 조상들도 태양의 강력한 힘을 잘 알았어요. 그래서 태양을 신으로 섬긴 곳도 많았어요.

고대 이집트에서는 태양신 라Ra가 세상 만물의 창조자였어요.

고대 중국에서는 지금의 태양이 10명이나 되던 애초의 태양신 중에 유일하게 남은 신이라고 생각했어요. 또 일식은 용이 태양을 삼키려고 해서 생긴다고 보고, 용을 쫓아내려고 시끄러운 소리를 냈어요.

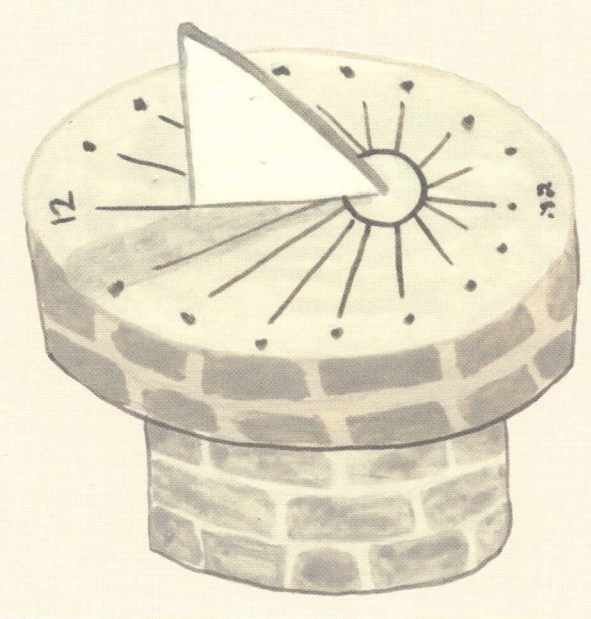

로마 신화 속 태양신의 이름은 솔Sol이었어요. 이 영향으로 오늘날 영어에서도 태양을 가리키는 단어에 '솔'이라는 말이 많이 들어가요. 태양계를 '솔라 시스템'이라고 하는 것도 한 예지요. 북유럽의 태양신은 솔 또는 순나Sunna라는 여신이었어요. 달의 신인 마니Máni는 그 쌍둥이 남신이었어요.

인티Inti는 잉카 제국의 태양신이었어요. 잉카 최대의 명절인 동지는 태양절이라는 뜻의 '인티 라이미Inti Raymi'라고 불렀어요. 오늘날 페루의 고대 도시 쿠스코에서는 동지 때마다 이를 기리는 전통적 의식을 펼쳐요.

# 북극성

**방향과
신뢰의 별**

'폴라리스'라고도 하는 북극성은
수백 년 동안 밤하늘에서
중요한 길잡이 역할을 했어요.
반짝이는 북극성을 보면
북쪽이 어디인지
알 수 있으니까요.

# 북극성 Polaris
### 북쪽의 별

지리적 북쪽 '진북'이 어디인지 알면, 나머지 세 방향(동쪽, 서쪽, 남쪽)도 쉽게 알 수 있어요. 길을 갈 때 이것은 아주 중요한 정보지요.
방향의 별 북극성은 수백 년 동안 인간이 길을 찾을 수 있게 도와주었어요.

## 높이가 달라지는 별

북극성은 북극 근처에서 보면 하늘 높은 곳에 있어요. 북극점에서는 머리 바로 위에 있지요! 반대로 적도 가까이 가면 북극성은 지평선 근처 낮은 곳에 있어요.

## 항해의 친구

GPS 같은 항법 기술이 발달하기 전까지 뱃길을 가는 사람들은 밤하늘을 보고 길을 찾았어요. 이를 '천문항법'이라고 해요. 북극성은 밤하늘에 떠 있는 나침반 같았답니다.

이 별을 북극성이라고 하는 것은 그 위치가 북극 바로 위쪽 지점에 정말로 가깝기 때문이에요.

구름이 없고 어두운 밤하늘이라면 북반구에서는 북극성을 일 년 내내 볼 수 있어요.

나침반을 가지고 나가서 지평선이나 수평선과 수평이 되게 한 뒤 바늘의 한쪽 끝을 북극성 방향으로 맞춰 봐요. 나침반의 각도가 우리의 위도(적도에서 남쪽이나 북쪽으로 떨어진 각도)를 알려 줘요.

고대 북유럽인들은 북극성을 '레이다르스티아르나 Leidarstjarna'라고 불렀어요. 길잡이별이라는 뜻이에요.

북극성은 북반구에서만 보여요.

## 북극의 별

사람들은 북극성을 흔히
붙박이별이라고 생각해요.
다른 별들과 달리 하늘에서
위치가 변하지 않는 것 같거든요.

지구는 팽이처럼 축을 중심으로 자전해요.
(여기서 축이란 북쪽 하늘 끝과 남쪽 하늘 끝을
연결하는 가상의 선이에요.)
지구가 한 바퀴를 완전히 자전하는 데 하루가 걸려요.
지구의 자전 때문에 우리 눈에는
태양과 별들이 하늘을 움직이는 것처럼,
그러니까 동쪽에서 떠서 서쪽으로 지는 것처럼 보여요.
하지만 북극성에는 이런 일이 없어요.
북극의 위쪽이라는 특별한 위치 때문에
북극성은 하늘에 고정돼 있고
다른 별들이 그 주변을 도는 것처럼 보여요.

그런데 수천 년 동안 지구 축의 기울기가
조금씩 변하면서 밤하늘 속 북쪽의 위치도 변했어요.
고대 이집트인들이 피라미드를 짓던 4000년 전에는
투반 Thuban 이라는 별이 북극성이었어요.
지금부터 12000년이 지나면 베가 Vega 라는
밝은 별이 북극성의 자리에 들어설 거예요.

##  별자리를 만나 봐요

북극성은 작은곰자리에서
가장 밝은 별이에요.

별자리는 한 무리의 별들을 상상의 선으로 연결해서
그림을 만든 것을 말해요. 오랜 역사 속에서 세계 곳곳의 문명은
각기 다른 별자리를 만들어서 이름을 붙이고
독특한 전설과 신화를 엮어 넣었어요.
작은곰자리는 곰과 비슷한 모양이라고 그런 이름이 붙었어요.

## 북극성을 찾아봐요

북극성은 작은곰자리에서 가장 밝은 별이고,
작은 곰의 길쭉한 꼬리 맨 끝에 있어요.
일곱 개의 밝은 별로 이루어진 작은곰자리는
국자 모양으로도 보이는데, 북극성은 국자 손잡이 끝이에요.

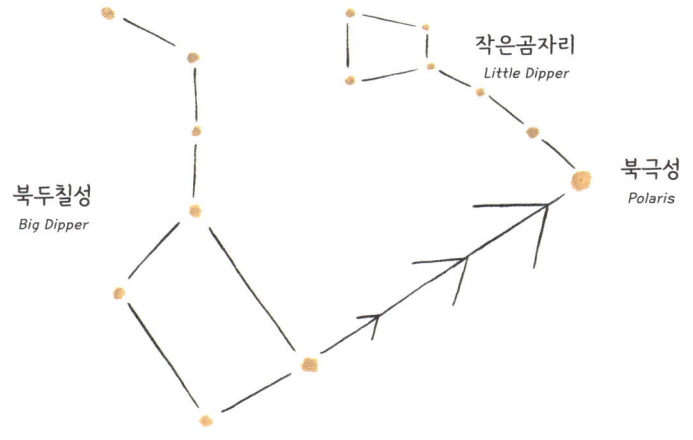

밤하늘에서 작은곰자리는 찾기 쉽지 않아요.
특히 달이 밝은 밤이나 인공조명이 많은 도시에서는 더욱 어려워요.
북극성을 찾는 가장 쉬운 방법은
큰곰자리의 '북두칠성'을 활용하는 거예요.
북두칠성은 찾기 쉽고 역시 국자 모양이에요.
국자 모양 앞부분의 두 별을 연결한 뒤 그 선을 위로
더 뻗어 올리면 북극성을 찾을 수 있어요.

## 밤하늘의 작은 곰 →

별자리들이 흔히 그렇듯이 작은곰자리에도 여러 가지 전설과 신화가 있어요.

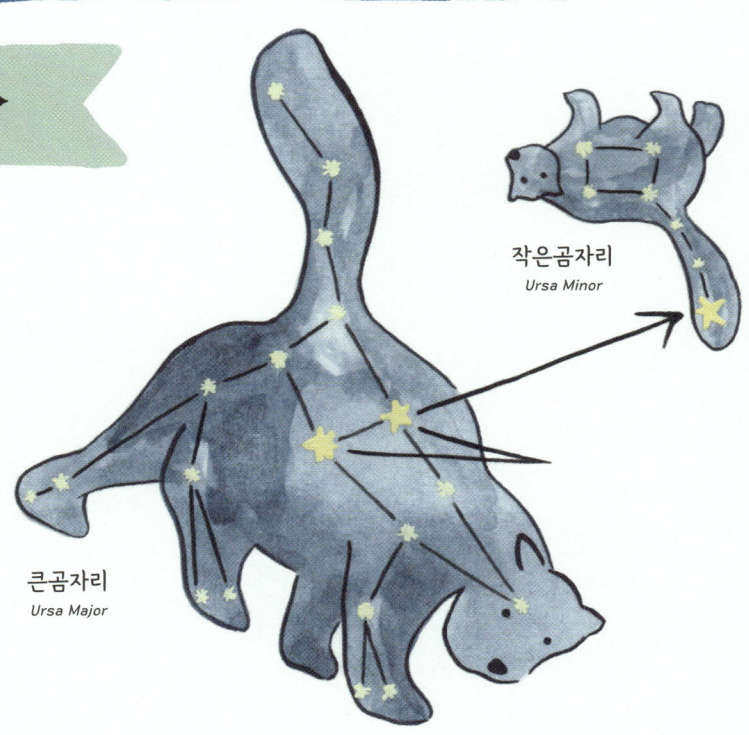

작은곰자리
Ursa Minor

큰곰자리
Ursa Major

고대 그리스에서 작은곰자리는 아르카스Arcas를 나타냈어요. 아르카스는 신들의 왕 제우스와 요정 칼리스토 사이에서 태어난 아들이었어요. 제우스는 칼리스토와 아리카스를 차례로 곰으로 만들어서 하늘에 별로 올려놓았어요. 큰곰자리가 바로 칼리스토예요. 이 두 별자리 곰은 하늘에서 늘 함께하고 있어요.

## 역사 속 북극성 이야기

북극성은 폴라리스, 길잡이별 등 여러 가지 이름이 있어요. 이누이트인들은 북극성을 '붙박이별'이라는 뜻의 '누우투이투크Nuttuittuq'라고 불러요.

옛날 몽골인들은 북극성이 세상을 한데 붙들어 주는 못이라고 생각했어요.

북극성은 지구에서만 길잡이가 되는 게 아니에요. 50여 년 전 미국의 아폴로 우주선들도 달에 갈 때 북극성을 활용했어요. 물론 태양, 지구, 다른 별들의 위치도 함께 활용했지요.

고대 아랍인들은 북극성이 하늘의 위대한 전사를 죽인 나쁜 별이라고 생각했어요.

하와이에서는 북극성을 '호쿠파아Hokupa'a'라고 불러요. 붙박이별이라는 뜻이에요. 지난날 폴리네시아의 뱃사공들은 북극성을 이용해서 카누를 타고 태평양을 항해했지요.

하와이에는 아직도 호쿠파아를 비롯한 별들의 위치를 외워서 항해를 도와주는 전문적인 길잡이가 있어요.

# 수성

**민첩함과 기발함의 행성**

태양계에서 태양과 가장 가까운 행성인 수성은 기록적인 속도로 태양을 돌아요. 수성은 태양계에서 가장 빠른 행성이에요. 수성의 공전 궤도는 짧기만 한 게 아니라 특이하기도 하답니다.

## 수성 Mercury
### 태양과 가장 가까운 행성

우리의 괴짜 행성은 태양을 돌면서 아주 높은 온도와 낮은 온도를 넘나들어요. 수성의 일 년, 그러니까 수성이 태양을 한 바퀴 공전하는 데 걸리는 시간은 지구 기준으로 겨우 88일이에요. 석 달도 안 되는 시간이지요!

### 긴 하루와 짧은 일 년!

수성은 자전 속도가 아주 느려서 하루가 지구 기준으로 59일이나 돼요. 하지만 일 년은 88일에 지나지 않아요.

수성 궤도는 모든 행성의 궤도 중에 원형과 가장 거리가 멀어서 달걀 같은 타원형이에요. 그래서 어느 날은 태양이 아주 가까워졌다가 어느 날은 훨씬 멀어졌다가 해요.

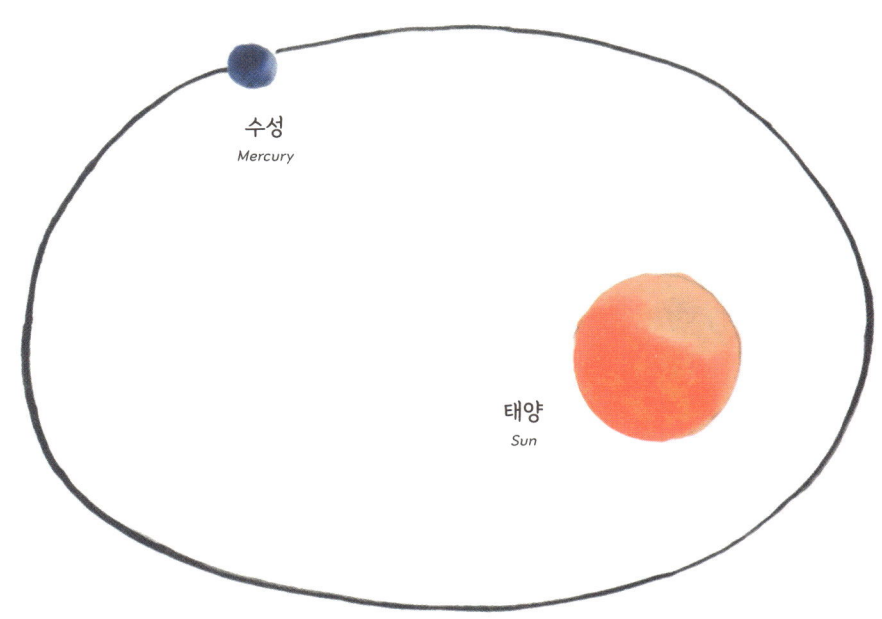

수성이 태양에 가장 가까울 때 수성에서 보는 태양은 지구에서 보는 것의 3배 크기예요!

수성은 아주 뜨거워지기도 하고 차가워지기도 하지만, 여름과 겨울 같은 것은 없어요. 지구와 달리 자전축의 기울기가 거의 없어서 계절이 생기지 않아요.

가까이서 보면 수성은 달과 비슷한 모양이에요. 회색 표면에 바위와 크레이터가 가득하지요. 수성은 태양계에서 가장 작은 행성으로, 달보다 조금 더 큰 정도예요.

### 가장 뜨거운 행성은?

수성은 타오르는 태양과 가장 가깝지만 태양계에서 가장 뜨거운 행성은 아니에요. 그 자리는 태양에서 두 번째로 가까운 행성 금성의 차지예요. 수성은 금성과 달리 열을 가두는 두꺼운 대기가 없기 때문이지요.

## 해돋이와 해넘이

수성은 특이한 공전 궤도 때문에 해돋이와 해넘이의 모습이 지구와 전혀 달라요.

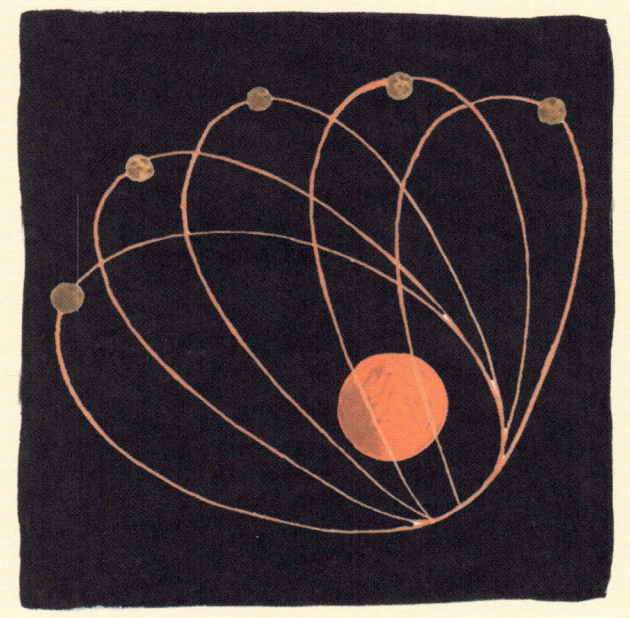

수성의 특정 지역에서 보면, 태양은 아주 천천히 뜨다 말고 졌다가 다시 떠요. 그리고 해가 질 때도 똑같이 해가 지다 말고 다시 떴다가 그다음에 완전히 지지요. 이런 일은 수성이 달걀 모양의 공전 궤도를 두 번 도는 동안 자전을 세 번 해서 일어나요.

## 역행하는 수성

지구에서 하늘을 관찰하면 일 년에 서너 번 정도 수성이 하늘을 '거꾸로' 움직이는 것처럼 보여요. 그러니까 평소처럼 동쪽에서 서쪽으로 움직이지 않고 서쪽에서 동쪽으로 움직이는 거예요.

하지만 수성이 갑자기 뒤로 가는 건 아니에요! 천문학자들은 이런 것을 '역행'이라고 불러요. 이것은 지구와 수성의 공전 때문에 일어나는 착시일 뿐이에요. 이런 일은 우리 맨눈에 보이는 다른 행성들(금성, 화성, 목성, 토성)의 경우에도 일어나지요.

## 수성을 찾아봐요

지구에서 수성을 보는 건 쉽지 않아요. 수성을 볼 수 있는 때와 장소는 수성의 공전 위치, 관찰자의 위치 등 여러 가지 요소에 따라 달라지거든요. 한 가지 방법은 저녁에 해가 지는 쪽을 보고 해가 진 직후 지평선 근처의 낮은 하늘을 찾아보는 거예요. 수성은 해가 완전히 지기 전에 나타나요. 수성은 궤도가 지구와 태양 사이에 있어서 때로는 해가 진 직후에 빛나기도 하고, 해돋이 전에 나타나기도 해요. 하지만 한밤중에는 볼 수 없어요.

수성은 백 년 동안 열세 번에 걸쳐 지구와 태양 사이를 지나가요! 이런 보기 드문 현상을 '천체면 통과'라고 해요. 이 일이 일어나면 수성이 검은 점 같은 모습으로 태양 앞을 지나가는 것이 보여요. 다음번 수성의 태양면 통과는 2032년에 있어요.

## 수수께끼의 행성

신비의 행성 수성은 우리 태양계에서 탐사가
그다지 많이 이루어지지 않은 행성 중 하나예요.

수성이 태양에 워낙 가깝다 보니 수성을 자세히 연구하는 일은
쉽지 않아요. 지금까지 수성에 착륙해서 표면을 탐구한 탐사선도 없어요.
지금까지 수성에 간 우주선은 두 대뿐이에요.
1970년대에 매리너 10호가 수성 표면 절반가량을 사진으로 찍었고,
메신저호는 2015년까지 4년 동안 수성을 돌았지요.
이제 베피콜롬보호가 수성에 대해 더 많은 것을 알아내려고 준비하고
있어요. 베피콜롬보호는 2025년 말에
수성의 궤도에 들어가서 수성을 깊이 탐구할 예정이에요.

## 역사 속 수성 이야기

고대 그리스는 수성에 민첩한 신 헤르메스Hermes의 이름을 붙였어요. 헤르메스는 날개 달린 헬멧을 쓰고 신들의 메시지를 재빨리 전달하는 신이었어요. 헤르메스는 로마 신화에서 메르쿠리우스가 되었어요. 영어로 수성을 가리키는 말인 '머큐리Mercury'는 여기서 왔지요.

수성을 망원경으로 처음 관측한 사람은 400년 전의 영국 천문학자 토머스 해리엇과 이탈리아 과학자 갈릴레오 갈릴레이였어요.

게르만 신화에서는 수성이 워든Woden 또는 오딘Odin 신과 관련이 있다고 생각했어요. 영어로 수요일을 가리키는 말 '웬즈데이Wednesday'는 이 이름에서 왔지요.

고대 중국에서 수성은 '때를 가리키는 별'이라는 뜻의 '신성新星'이라 불렀어요. 물과 관계가 있다고 여겼지요. 현대 중국, 한국, 베트남, 일본에서 쓰는 '수성'이라는 이름은 '물의 별'이라는 뜻이랍니다.

힌두 신화에서는 수성을 상인 수호신의 이름을 따서 '부다Budha'라고 불러요.

# 오리온의 허리띠

## 이야기와 3인조의 별들

파르스름한 색의 밝은 별 세 개가
밤하늘 속 거인의 허리띠 모양을 이루고 있어요.

오리온자리는 전 세계 천문 관측자들에게
아주 친숙한 별자리예요.

# 오리온의 허리띠
Orion's Belt
셋은 하나

오리온의 허리띠는 오리온자리의 한 부분(성군)이에요.
오리온은 그리스 신화에 나오는 사냥꾼이지요.
이 별자리는 어떤 거인이 허리띠를 두르고 있는 듯한 모습이에요.

## 세 개의 별

오리온자리에서 허리띠 위치에 있는 세 별의 이름은 각각 알니타크Alnitak, 알닐람Alnilam, 민타카Mintaka예요. 모두 비슷한 시기에 태어났고 같은 성운에서 만들어졌어요.

알니타크 자체도 세 개의 별로 이루어져 있어요. 이 별들은 밝기가 모두 우리 태양의 수천 배인데 맨눈으로 보면 한 개의 별로 보여요.

민타카도 아랍어에서 온 말로 '허리띠'를 뜻해요.

알닐람은 오리온의 허리띠 가운데 있는 별이에요. 알닐람이라는 이름은 아랍어로 '진주 띠'라는 뜻이에요.

## 밝게 타오르는 별

오리온자리를 이루는 별들은 지구에서 가장 잘 보이는 별들에 속해요. 리겔은 하늘에서 일곱 번째로 밝고, 오리온자리에서는 가장 밝은 별이에요. 이 별은 파란빛을 내고 오리온의 한쪽 무릎을 이루고 있어요. 베텔게우스는 리겔과 반대편의 어깨를 이루고 있지요. 붉은빛을 내며 하늘에서 열 번째로 밝은 별이에요.

### 오리온의 허리띠를 찾아봐요 →

지구의 북반구에서는 겨울에 오리온자리를 볼 수 있어요. 남반구에서는 반대로 오리온자리가 여름에 반짝이지요.

오리온자리는 동쪽에서 떠서 서쪽으로 지고 밤하늘 높은 곳을 지나가요.
오리온자리를 찾는 가장 쉬운 방법은 허리띠를 찾아보는 거예요.
비슷한 간격을 두고 짧은 직선을 이루는 별 세 개를 찾아보세요.
오리온자리를 이용해서 시리우스(천랑성)도 찾을 수 있어요. 시리우스는 허리띠를 왼쪽으로 뻗어 내려간 자리에 있어요. 플레이아데스성단 Pleiades Cluster도 찾을 수 있어요. '일곱 자매'라는 별명의 이 성단은 오리온자리 오른쪽 위에 있지요.
오리온자리는 해마다 10월 21일 무렵에 '오리온자리 유성우'라는 멋진 쇼를 펼쳐요. 우주 암석 수천 개가 지구 대기를 뚫고 들어오면서 밝게 빛나는데 마치 오리온자리에서 별들이 사방으로 퍼져 나가는 것 같지요.

## 변함없는 모습

오리온의 허리띠는 수천 년 전에도 지금과 거의 똑같은 모습이었어요. 모든 별자리가 그렇지는 않아요. 수천 년이 흐르는 동안 별자리를 이루는 별들이 서로 멀어지는 일이 많거든요. 그런데 오리온의 허리띠는 인류 역사 내내 변함없이 유지되고 있어요. 이것은 허리띠를 이루는 별 세 개가 같은 곳에서 태어났기 때문이에요. 거기다 계속 똑같은 방향으로 이동하고 있지요! 그래서 세 별은 서로 여러 광년 떨어져 있지만 (그리고 지구에서 정말로 멀리 있지만), 우리 눈에는 변함이 없는 것처럼 보여요.

## 역사 속 오리온의 허리띠 이야기

서양 문화권에서는 오리온의 허리띠를 성경에 나오는 세 현자라 여겨서 '세 임금'이라고도 불러요.

## 끝나지 않는 사냥

오랜 옛날부터 오리온에 대해서 몇 가지 이야기가 전해지지요.

그리스 신화에서 이 별자리는 허리에 띠를 두른 채 사냥 무기를 들고 다니는 사냥꾼 오리온이었어요. 그리스 신화에서 오리온 이야기는 몇 가지 종류가 있어요. 가장 널리 알려진 것은 사냥꾼 오리온이 전갈(하늘의 전갈자리)에 찔려 죽었다는 거예요. 신들이 이를 안타깝게 여겨서 그를 하늘에 올려놓았다고 해요. 그리고 그가 외롭지 않도록 오리온이 사랑하던 개들(큰개자리와 작은개자리)도 함께 올려놓았지요.

신들은 오리온이 사냥을 할 수 있도록 하늘에 토끼자리와 황소자리도 올려놓았어요.

고대 이집트에서는 오리온자리를 죽음과 저승과 부활의 신 오시리스Osiris로 여겼어요. 이집트 신화의 몇몇 신도 이 별들에서 내려왔다고 생각했지요.

남아프리카공화국과 보츠와나에 사는 츠와나족은 오리온의 허리띠를 세 마리 개에게 쫓기는 세 마리 흑멧돼지로 보아요. 오리온자리의 칼을 이루는 별들이 개들이고, '딘차 레 디콜로베dintsa le Dikolobe'라고 불러요.

라틴아메리카 사람들은 오리온의 허리띠 세 별을 스페인어로 '라스 트레스 마리아스 Las Tres Marias' 또는 포르투갈어로 '아스 트레스 마리아스 As Tres Marias'라고 불러요. 둘 다 '3명의 성모 마리아'라는 뜻이지요.

# 금성

## 처음과 끝의 행성

금성은 샛별이라고 하지만 실제로는 별이 아니라 행성이에요. 지구에서 보면 금성은 해 뜰 녘이나 해 질 녘에 하늘에서 꾸준하게 빛을 내며 반짝여요.

# 금성 Venus
## 지구의 쌍둥이

금성은 밤하늘에서 달 다음으로 밝게 보이는 천체예요.
고대인들은 금성이 쌍둥이별이라서 하나는 새벽에 빛나고 하나는
초저녁에 나타난다고 생각했어요. 하지만 실제로는 금성이 태양을 도는
위치에 따라서 새벽에 나타나기도 하고 저녁에 나타나기도 하는 거랍니다.

금성은 태양에서 두 번째로 가까운 행성이고
'지구의 쌍둥이'라고도 불려요.
지구와 크기도 비슷하고, 암석 표면, 맨틀,
금속 핵으로 이루어진 내부 구조도 비슷하거든요.

금성이 태양을 공전하는 속도는 지구보다 빨라요.
그래서 금성의 일 년은 지구 기준으로
225일밖에 안 돼요. 하지만 금성의 자전 속도는
아주 느려서 하루가 지구 기준으로
243일이나 돼요. 그러니까 금성에서는
일 년이 하루보다 짧은 거예요!

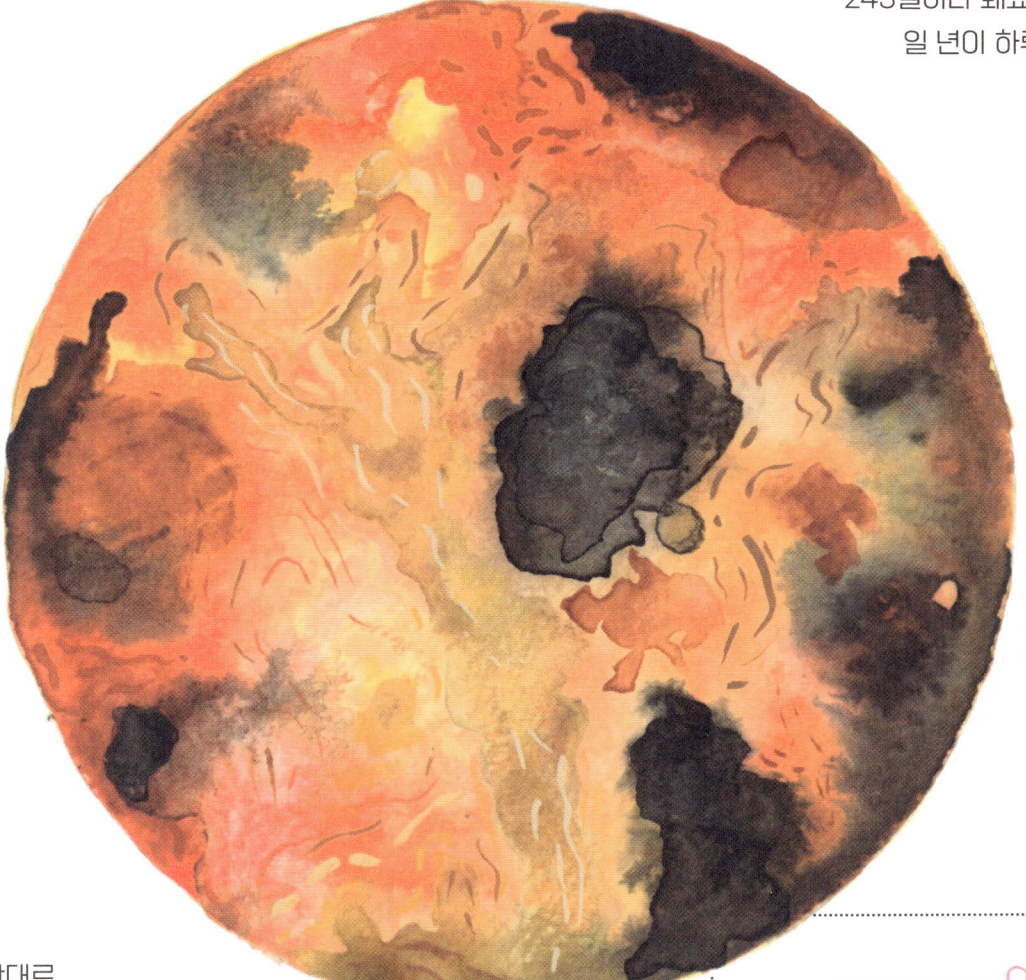

지구에는 수많은
생명체가 살지만
금성은 생명이
살 수 없는
환경이에요.
화산이 가득하고
유독성 구름에
덮여 있는 데다
늘 강풍이 불고
기온도 엄청나게
높거든요.

금성은 하루가
몹시 길어서 해가
일 년에 두 번밖에
뜨지 않아요.
그러니까 해돋이가
지구 기준으로는
넉 달에 한 번밖에
일어나지 않아요!

금성은 지구와 반대로
해가 서쪽에서 떠서
동쪽으로 져요.
이것은 금성이 다른 행성들과
반대 방향으로 자전하기
때문이에요.

사람은 금성 위를 걸어 다닐 수
없어요. 기압이 지구보다
훨씬 높아서 땅바닥에
납작 뭉개져 버린답니다!

### 여자 이름

금성의 내부 지명은 세 곳을 빼고
전부 여자 이름이에요.
크레이터들은 유명 여성이나
평범한 여자의 이름을 붙이고,
산에는 여신의 이름을 붙였지요.

## 무슨 일이 있었던 걸까?

금성 하늘의 구름은 지구에서 보는 하얗고 몽글몽글한 구름과는 전혀 달라요. 노랗고 두꺼운 금성의 구름은 썩은 달걀 냄새가 나는 유독성 화학 물질인 황산으로 이루어져 있어요.

금성은 구름이 두꺼운 데다 대기에 이산화탄소가 가득해서 열이 밖으로 빠져나가지 못해요. 이를 온실 효과라고 해요. 태양 에너지가 대기를 뚫고 들어와서 금성 표면을 따뜻하게 만들지만, 그 열이 다시 대기 밖으로 나가지 못해서 기온이 훨씬 올라가요. 과학자들은 금성도 수백만 년 전에는 지구 같은 바다가 있었을지 모른다고 생각해요. 지금은 온실 효과 때문에 물이 모두 증발했다고요. 금성의 역사를 보면 지구의 미래를 예측할 수 있어요.

## 금성을 찾아봐요

해돋이 전

해돋이 때

해돋이 뒤

금성은 밤하늘에서 달 다음으로 밝게 빛나는 천체예요. 두꺼운 유독성 구름에 덮여서 태양 빛을 많이 반사하기 때문이지요. 그래서 금성은 낮에도 볼 수 있어요. 금성은 태양에서도 가깝고 지구에서도 가까워서 우리 눈에는 두 천체가 언제나 서로 가깝게 보여요. 그래서 금성을 찾는 일은 대체로 쉬워요! 해가 진 직후에 (서쪽 하늘에서) 또는 해돋이 무렵 (동쪽 하늘에서) 금성을 찾아보세요. 금성은 몇 시간 동안 은은하게 반짝인답니다. 하지만 금성이 늘 보이는 건 아니에요. 때로는 태양 뒤로 숨거든요. 또 태양과 너무 가까워져도 잘 보이지 않게 되지요.

## 역사 속 금성 이야기

인류는 수천 년 전부터 이 반짝이는 행성을 알았어요. 망원경 없이도 잘 보이기 때문이지요.

서양 문화권에서 금성은 태양계 행성 중 유일하게 여자 이름이 붙었어요. 영어로 금성을 '비너스 Venus'라고 하는데 이는 로마 신화의 베누스 여신에서 온 거지요. 베누스는 사랑과 아름다움의 여신이에요. 이탈리아 화가 보티첼리는 베누스 여신이 거대한 조개껍데기에 서 있는 유명한 그림을 그렸어요.

# 금성을 만나 봐요

금성은 지구와 아주 가까워서
지난 세월 동안 많은 연구가 이루어졌어요.

금성은 인류가 우주선으로 탐사한 최초의 행성이에요!
미국 나사의 매리너 2호가 1962년에 금성을 근접 통과했지요.
그 뒤로 여러 대의 우주선이 이 뜨거운 행성을 연구했어요.
지구에서 보낸 우주선이 가장 먼저 착륙한 행성도 금성이에요!
소련이 1960년대와 1970년대에 금성 땅에
베네라호 탐사선과 착륙선을 여러 대 보냈지요.
하지만 뜨거운 온도와 강력한 기압 때문에 이 우주선들은
그렇게 오래 활동하지 못했어요.
유럽 우주국(ESA)이 2005년에 발사한 비너스 익스프레스호는
금성 궤도를 8년 이상 돌면서 금성의 특이한 번개를 발견했어요.
일본의 탐사선 아카츠키호는 2015년에
금성 궤도를 돌기 시작했어요.
앞으로 더 많은 금성의 근접 연구 계획이 준비되어 있어요.
그래서 몇 년 후에는 금성에 대해 훨씬 더 많은 걸 알게 될 거예요!

고대 수메르인은 금성을 사랑과 전쟁의 여신 이난나 Inanna로 여겼어요.

아메리카 원주민 라코타족은 금성을 '새벽빛'이라는 뜻의 '앙포윙 Aŋpo Wiŋ'이라고 불렀어요.

고대 마야에서는 금성을 '지구를 깨우는 별'이라는 뜻의 '아브자브 카브 에크 Ahzab Kab Ek'라고 불렀어요.

몇몇 언어에서 금성은 '낮의 별'이라는 뜻의 이름이에요.

슬라브 신화에서는 금성이 태양의 여동생인 다니카 Danica예요.

# 핼리 혜성

## 경이와 경계의 천체

소원 빌 준비가 됐나요?
이 하늘의 손님은 75년에 한 번밖에 오지 않아요.
하지만 핼리 혜성과 관련된 유성우는
해마다 두 차례씩 일어나지요!

# 핼리 혜성
## Halley's Comet
### 공식명칭 1P/Halley

어른들에게 1986년의 밤하늘을 기억하는지 물어보세요. 그 해는 혜성 중에서 가장 유명한 핼리 혜성이 마지막으로 지구에 찾아온 해예요. 1986년은 관측 환경이 별로 좋지 않았지만, 다음번인 2067년에는 더 잘 보일 거라고 예상하고 있어요!

## 더러운 눈뭉치

혜성은 얼음, 먼지, 가스 얼음, 암석으로 이루어져 있어요. (그래서 '더러운 눈뭉치'라고 불리지요). 혜성은 46억 년 전에 태양계가 만들어지고 남은 것이라서 태양계의 역사를 이해하는 실마리가 될 수 있어요.

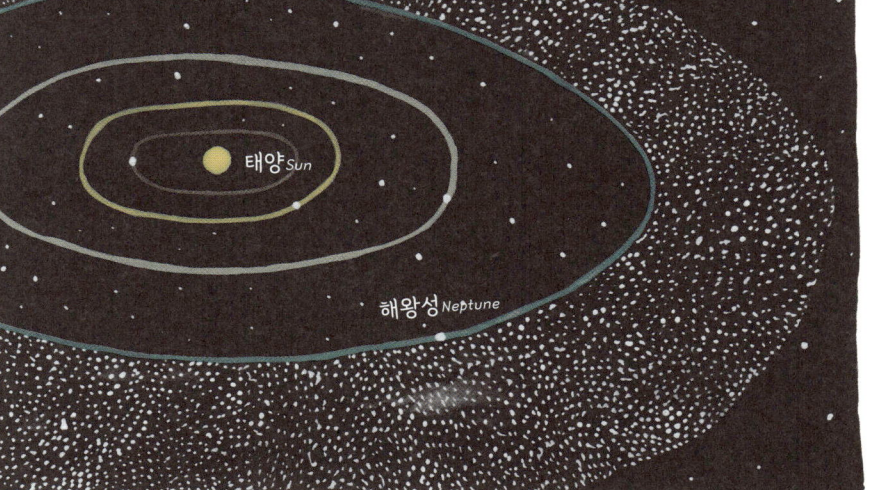

태양에 가깝게 다가가면 혜성은 온도가 뜨거워져요. 그러면 혜성 중심부의 가스와 먼지가 '코마Coma'라고 하는 빛나는 머리가 되지요. 이 물질이 태양풍에 날리면서 두 개의 빛나는 꼬리가 수백만 km에 걸쳐 뻗게 돼요.

태양계에는 수백만 개의 혜성이 있어요. 그중 핼리 혜성을 비롯한 많은 혜성이 카이퍼 띠라는 지역에 있어요. 이 원형의 띠는 태양에서 가장 먼 행성인 해왕성 궤도 바깥쪽으로 넓게 퍼져 있어요.

## 꽁꽁 언 중심부

혜성은 태양에서 먼 곳에 있을 때는 크기가 수십 km에 이르는 얼음 핵이에요. 핼리 혜성의 핵은 15x8km가량으로 소도시만 한 크기지요! 모양은 감자와 비슷해요.

사람들은 수천 년 전부터 핼리 혜성을 봤지만 그 정체는 1705년에서야 밝혀졌어요. 천문학자 에드먼드 핼리가 그것이 75년에 한 번씩 오는 같은 혜성이라는 것을 밝혀냈어요. 그래서 이 혜성에는 핼리의 이름이 붙었지요.

과학자들은 혜성이 지구의 생명과 깊은 관계가 있을 수 있다고 생각해요. 오랜 옛날 혜성들이 지구에 부딪히면서 물과 유기물질이 들어왔을지 모르거든요. 유기물질은 생명에 필수적인 물질이에요.

# 핼리 혜성은 정말로 혜성일까요?

비슷하게 생겨서 헷갈리는 천체들이 많아요. 그 차이는 이래요.

### 혜성 COMET
핼리 혜성은 혜성이에요. 얼음과 먼지로 이루어져 있어요. 태양을 공전하고, 태양에 가까워지면 머리와 꼬리가 생겨나요.

### 소행성 ASTEROIDS
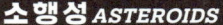
소행성은 행성과 마찬가지로 태양을 공전하는 암석 물질이에요. 모양과 크기가 제각각이지만 행성보다는 훨씬 작아요.

### 유성체 METEOROID
유성체는 대체로 크기가 작아요. 먼지 알갱이만 한 것도 있고 바윗덩어리만 한 것도 있지요. 유성체는 소행성 두 개가 부딪혔을 때 생기거나 혜성에서 떨어져 나온 조각이에요.

### 유성(별똥별) METEOR(SHOOTING STARS)
유성체가 지구 대기에 들어오면 유성이 돼요. 유성은 공기와의 마찰로 불길에 휩싸여서 하늘에 빛줄기를 그려요. 유성은 '별똥별'이라고도 해요. 지구가 한꺼번에 많은 유성과 맞닥뜨리면 유성이 비처럼 쏟아지는 '유성우'가 일어나요.

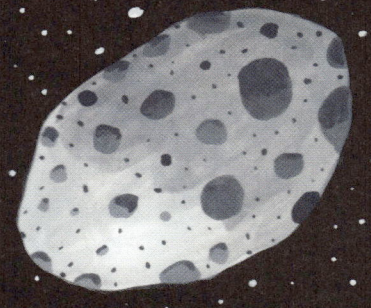

### 운석 METEORITE

지구에 들어온 유성이 완전히 타 버리지 않고 어딘가에 떨어진 것을 운석이라고 해요.

---

## 별똥별의 비가 내려요!

핼리 혜성이 우주를 지나갈 때면 그 뒤로 우주 부스러기, 즉 유성체들이 꼬리를 길게 드리우지요. 지구는 해마다 이 부스러기의 꼬리를 지나게 되고 그때마다 짧지만 환상적인 유성우의 우주쇼가 펼쳐져요! 해마다 특정 시기가 되면 특정 유성우가 일어나요. 그러면 하늘의 한 지점에서 많은 유성이 바큇살처럼 뻗어 나가는 게 보이지요. 핼리 혜성은 5월의 '물병자리 에타 유성우'와 10월의 '오리온자리 유성우'를 일으켜요.

### 달력에 표시해 봐요 →

용자리 Quadrantids 유성우: 12월/1월

거문고자리 Lyrids 유성우: 4월

물병자리 에타 Eta Aquariids 유성우: 5월

페르세우스자리 Perseids 유성우: 8월
(이것은 대체로 일 년 중 가장 잘 보이는 유성우로, 스위프트-터틀이라는 혜성 꼬리의 부스러기 때문에 생겨요.)

오리온자리 Orionids 유성우: 10월

사자자리 Leonids 유성우: 11월

쌍둥이자리 Geminids 유성우: 12월

## 핼리 워치

핼리 혜성의 방문 시기는 정확하게 예측되기 때문에 1986년에 이 혜성이 지구에 가까이 왔을 때 과학자들은 만반의 준비를 하고 있었어요.

핼리 혜성이 찾아왔던 1986년에는 많은 나라가 팀을 이루어서 혜성 관찰용 우주선을 띄웠어요. 이 협력 프로그램을 '핼리 워치'라고 했어요. 유럽우주국이 보낸 탐사선 조토호는 혜성의 핵을 아주 가까이에서 관찰했어요. 조토호가 보낸 사진들은 핼리 혜성뿐 아니라 혜성들 전체의 특성을 이해하는 데 많은 도움을 주었어요. 핼리 혜성은 행성간 우주선이 촬영한 최초의 혜성이기도 해요. 그 뒤로 많은 우주선이 여러 혜성을 자세히 관찰했어요. 로봇 탐사선들이 혜성에 착륙도 하고, 과학자들이 연구할 수 있도록 지구로 암석 표본을 가져오기도 했지요!

## 역사 속 핼리 혜성 이야기

옛날부터 사람들은 혜성을 보면 놀라움과 두려움을 느꼈어요. 어떤 사람들은 핼리 혜성이 죽음과 파괴를 가져오는 불길한 징조라고 여겼어요.

핼리 혜성을 최초로 기록한 곳은 고대 중국이에요. 그들은 기원전 240년에 핼리 혜성을 '빗자루 별'이라고 기록했어요. 중국 천문학자들은 계속 혜성의 방문을 기록했고, 이것은 이후의 천문학자들에게 유용한 정보가 되었지요.

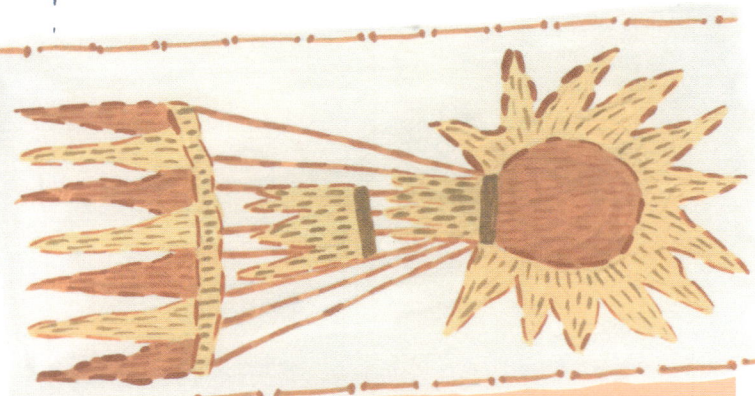

핼리 혜성은 1066년에도 나타났는데 영국인들은 이것을 불운의 징조라고 여겼어요. 그런 뒤 앵글로색슨족의 왕 해럴드 고드윈손이 헤이스팅스 전투에서 죽었지요. 이 사건은 바이외 태피스트리에 담겨 있어요.

우리는 왜 별똥별을 보면서 소원을 빌까요? 고대의 천문학자 프톨레마이오스는 유성은 신들이 하늘에서 우리를 내려다보면서 우리 소원에 귀를 기울이는 표시라고 생각했답니다.

# 화성

## 탐사와 상상력의 행성

화성은 지구 다음으로 인류가 가장 많이 연구한 행성이에요. 인류는 밤하늘에서 불그스름하게 빛나는 이 행성에 생명의 흔적이 있을지 쉬지 않고 탐구하고 있어요.

## 화성 Mars
### 붉은 행성

오랜 세월 동안 사람들은 화성에 외계인이 살 거라고 생각했어요. 지금은 그렇지 않다는 걸 알지만 과학자들은 계속 화성에서 생명이 살았던 흔적을 찾고 있어요. 지금도 우주선과 로봇 탐사선들이 이 바위와 먼지의 행성을 열심히 조사하고 있지요. 미래에는 인간이 직접 화성에 가서 탐사할 수도 있을 거예요.

화성은 태양으로부터 네 번째 행성이에요. 붉은 행성이라는 별명도 있지요. 바위와 흙에 녹슨 철이 많아서 붉은빛을 띠기 때문이에요.

화성에는 때때로 화성 전체를 뒤덮는 강력하고 긴 먼지 폭풍이 불어요. 표면과 중심부에 지진도 일어나요!

화성의 중력은 지구보다 훨씬 약해요. 화성에서 점프를 하면 훨씬 높이 뛸 수 있어요.

화성은 사막, 활동을 멈춘 화산, 극지방의 극관이 있는 차갑고 황량한 세계예요.

화성의 대기는 지구보다 백 배나 희박해요. 그리고 산소가 거의 없어서 인간은 그 공기로 숨 쉴 수 없어요.

### 두 개의 달

화성은 외롭지 않아요. 두 개의 작은 달 포보스 *Phobos*와 데이모스 *Deimos*가 화성의 궤도를 돌고 있거든요. 포보스는 동그란 지구의 달과 달리 감자처럼 생겼답니다!

### 올림푸스몬스 화산

화성에는 태양계 전체를 통틀어 가장 높은 산과 가장 큰 협곡이 있어요. 올림푸스몬스산은 높이가 에베레스트산의 거의 2.5배예요. '화성의 그랜드캐니언'인 마리네리스 계곡은 거의 4,000km에 걸쳐 뻗어 있지요.

## 화성을 찾아봐요

화성은 맨눈으로도 볼 수 있어요.

화성은 찾기가 아주 쉬워요.
거의 일 년 내내 밤하늘에서
붉은색으로 반짝이니까요.
사실 수성, 금성, 화성, 목성, 토성 등
다섯 개 행성은 지구에서
맨눈으로도 볼 수 있어요.
그리고 모두 다른 색으로 반짝이지요!
내 눈에 보이는 게 별인지 행성인지 알려면
빛이 깜박이는지를 보세요.
별들은 깜박이지만, 행성은 그렇지 않거든요.
이것은 행성이 별들보다
우리와 훨씬 가까이 있기 때문이에요.
망원경으로 행성을 보면 색깔이 각기 달라서
확실히 구별할 수 있어요.

##  화성을 만나 봐요

아직까지 화성에 발을 내디딘 우주 비행사는 없지만,
화성은 인류가 가장 많이 탐사한 행성이에요.

나사의 매리너 4호는 1965년에 이 수수께끼의 행성을 근접 비행했고,
다른 나라들도 우주선을 보내서 화성 궤도를 돌면서 정보를 모았어요.
화성 표면에 착륙한 최초의 우주선은 나사의 바이킹 1호와 2호의
착륙선이었어요. 이들은 1976년에 화성에 갔지요.
로봇들도 화성에 갔어요! 탐사 로봇을 '로버'라고 해요.
로버는 지구에 있는 과학자들의 명령을 받아서 화성의 토양, 암석,
날씨, 공기를 연구해요. 최초의 로버인 소저너호는 1997년에
화성에 착륙했어요. 가장 최근에 화성을 탐사한 로버는 나사의
큐리오시티호와 퍼서비어런스호 그리고 중국의 주룽호예요.
2021년에는 퍼서비어런스호의 배에 붙어서 간 헬리콥터가
다른 행성 하늘을 비행한 최초의 비행기가 되었지요!

토성 — 금갈색, 청회색
수성 — 회색
금성 — 노란색
화성 — 붉은색, 갈색
목성 — 갈색, 주황색에 흰 구름 띠

## 화성의 생명 →

오랜 옛날 화성은
지구처럼 물이 있었을
가능성이 있어요.

지금의 화성은 물기 없이 건조한 행성이지만,
예전에 강과 호수가 있고 대규모 홍수가 졌던 흔적이 있어요.
그리고 까마득한 옛날에는 대기가 지금처럼 희박하지 않았을 수도 있어요.
지금 화성 표면은 물이 있어도 금방 증발해 버려요.
하지만 화성에는 아직도 물이 있어요. 양쪽 극지방의 땅속에 (먼지와 섞인)
얼음의 형태로 저장되어 있어요. 엷은 구름에도 물이 있고요.
이따금 언덕이나 크레이터에 소금물이 흐를지도 몰라요.
우리가 아는 생명체는 모두 물이 있어야 살 수 있어요.
과학자들은 화성에 생명이 있을까? 앞으로는 살 수 있을까? 하는
흥미로운 질문에 대한 증거를 찾기 위해 노력하고 있어요.

# 역사 속 화성 이야기

화성의 영어 이름 '마스Mars'는 고대 로마 신화의 전쟁 신 마르스에서 왔어요. 화성의 붉은색이 피를 떠올려서요.

그리스 신화의 전쟁 신은 '아레스Ares'라는 이름이에요. 화성의 두 달인 포보스와 데이모스는 아레스의 전차를 끌던 두 마리 말의 이름에서 왔지요. 포보스는 '두려움', 데이모스는 '공포'라는 뜻이에요.

화성에 대한 노래들도 있어요. 영국의 유명 가수 겸 작곡가인 데이비드 보위는 우주에 관한 노래를 많이 만들었는데 그중에 〈화성의 생명〉이라는 것도 있지요.

고대 바빌론에서는 화성을 '네르갈Nergal'이라고 부르고, 힌두 문화권에서는 '앙가라카Anggraka'라고 불렀어요. 둘 다 불과 전쟁의 신이에요.

한국어, 중국어, 일본어로 화성은 '불의 별'이라는 뜻이에요. 고대 중국에서는 화성을 죽음과 파괴의 징조라고 여겼어요.

화성에 외계인이 산다는 생각은 오래전부터 예술가들의 상상력을 자극했어요. 지금으로부터 백 년도 더 전에 영국 작가 H.G. 웰스는 화성의 지구 침공을 다룬 과학 소설 《세계 전쟁》을 썼어요.

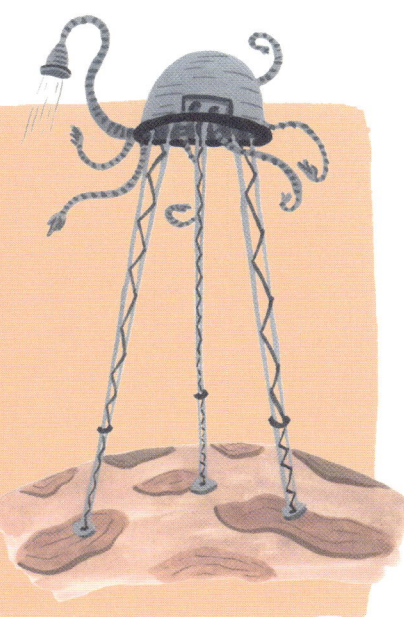

화성은 이따금 하늘에서 뒤로 가다가 다시 앞으로 가는 왕복 운동을 하는 것처럼 보여요. 이것은 지구가 화성보다 빠른 속도로 움직여서 일어나는 착시예요. 캐나다 원주민 이니뉴족은 화성을 '무스와 아카크 moosua acak'라고 부르는데, '말코손바닥사슴의 영혼'이라는 뜻이에요. 화성의 움직임이 놀란 말코손바닥사슴의 행동과 비슷해서지요.

# 알리오트

## 자연과 항해의 별

알리오트는 유명한 별자리인
큰곰자리에서 가장 밝은 별이에요.
알리오트는 곰의 꼬리에 있지요.
이 빛나는 별은
오랜 옛날부터 바다를 항해하는
선원들이 길을 찾는 데
도움을 주었어요.

# 알리오트
### Alioth
### Epsilon ursae majoris

알리오트는 워낙 밝고 찾기도 쉬워서 항해에 사용되는 58개의 별 중 하나예요. 큰곰자리에서 가장 밝은 별이기도 하지요. 사람들은 길을 갈 때나 밤하늘을 헤아릴 때 알리오트를 이정표로 사용해요! 북두칠성은 작은곰자리 같은 별자리뿐 아니라 북극성, 아르크투루스, 스피카 같은 별들을 찾는 데도 쓰이지요.

알리오트는 지구에서 83광년 거리에 있어요. 태양과 지구는 빛의 속도로 8분 남짓 거리에 있어요.

알리오트는 태양보다 크고 무겁고 젊어요. 그리고 밝기가 태양의 102배가량 돼요!

알리오트는 하늘의 이정표인 북두칠성을 이루는 별 중 하나고, 북두칠성은 큰곰자리의 일부예요.

## 북두칠성

큰곰자리 안에 북두칠성이라고 하는 성군이 있어요.
북두칠성 모양은 큰곰자리 전체에서 가장 눈에 잘 띄어요.
북두칠성의 모양은 지역에 따라 국자, 손수레, 연어 그물, 냄비, 관 등 제각각 다르게 말해요.

## 우주 속을 이동하는 별들

별들도 (지구와 마찬가지로) 우주 공간을 이동하지만, 거리가 너무 멀어서 우리가 그 움직임을 알아차리기는 어려워요. 알리오트는 큰곰자리 운동성단이라는 별 집단의 일부예요. 천문학자들에 따르면, 이 별들은 3억 년 전에 같은 장소에서 태어났고 비슷한 속도로 우주 공간을 이동해요.

## 별자리를 만나 봐요 →

알리오트가 속한 큰곰자리는
하늘에 크게 퍼져 있어요.

이 별자리는 지구 위의 여행자들에게만
길잡이가 되는 게 아니에요.
천문학자들도 이 별자리를 이용해서
하늘길을 헤아린답니다.
큰곰자리가 보이는 하늘에는 은하 같은
심우주 천체도 많아요!
그중에는 바람개비 은하와 해바라기 은하도 있지요.

## 알리오트를 찾아봐요

알리오트 등 북두칠성을 이루는 별들은 북반구에서만
볼 수 있어요. 밤하늘에서 알리오트를 찾기는 아주 쉬워요.
먼저 북두칠성을 찾아보세요.
거대한 국자 모양을 이룬 일곱 개의 별입니다.
북두칠성이 보이면 국자 손잡이 뒤에서
세 번째 별이 알리오트예요.
북두칠성은 봄에는 하늘 높은 곳에 보여요.
가을에는 지평선 근처로 내려오지만 사라지지는 않아요.
북두칠성은 북반구 대부분의 지역에서
북극 근처에 있기 때문이지요.
지구의 자전 때문에 북두칠성은 북극 근처의
하늘을 시계 반대 방향으로 천천히 도는 것처럼 보여요.

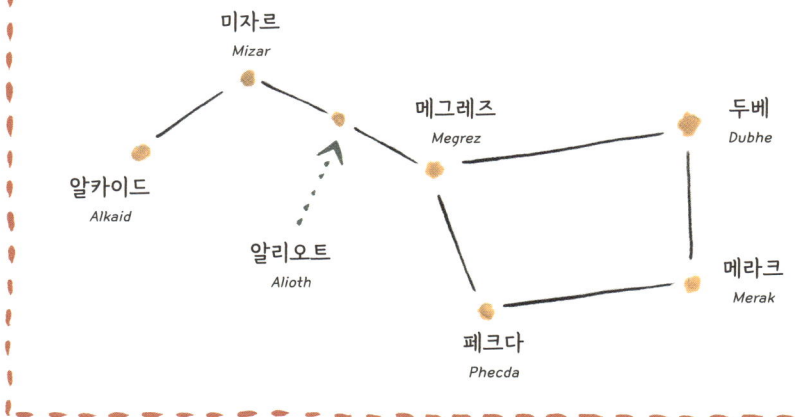

바람개비 은하
Pinwheel Galaxy

해바라기 은하
Sunflower Galaxy

올빼미 성운
Owl Nebula

올빼미 성운도
있어요.
이곳은
죽은 별이 남긴
우주 가스와
먼지가 가득한
우주 공간이에요.
대형 망원경으로 보면
이 성운은
올빼미의
두 눈처럼 보여요.

# 역사 속 알리오트 이야기

알리오트가 속한 북두칠성은 농사와 관련 있는 이름이 많이 붙었어요. 영국에서는 '쟁기(Plough)', 아일랜드에서는 '굽은 쟁기(An Camchéachta)'라고 하지요. 라틴어로는 '셉텐트리오네스septentriones'라고 하는데 이는 일곱 마리 황소라는 뜻이에요.

북두칠성은 지하철도에서 중요한 역할을 했어요. 지하철도란 미국 남부의 흑인 노예들이 자유를 찾아 북부로 도망치는 길을 가리키는 말이었어요. 그들은 위험을 피해 주로 밤에 이동했고, 북두칠성을 이용해서 북극성을 찾았어요. 북극성은 북쪽을 알려 주니까요. 〈조롱박(북두칠성)을 따라서〉 자유를 찾아간다는 노래들도 생겨났어요.

이로쿼이족 등의 아메리카 원주민은 북두칠성을 곰으로 봐요. 국자 손잡이 부분이 하늘에서 곰을 쫓는 용감한 사냥꾼들이지요. 상처를 입은 곰의 피가 가을 나뭇잎을 붉게 물들인다고 해요.

아라비아 신화에서 북두칠성은 장례식을 나타내요. 국자 머리 부분이 관이고 알리오트를 포함한 손잡이 부분의 별 셋은 관을 따라가는 조문객이에요.

알래스카 주기는 진청색 바탕에 북두칠성과 북극성을 그린 모양이에요. 이 깃발은 베니 벤슨이라는 13살 소년이 디자인한 거예요! 벤슨이 이런 디자인을 선택한 것은 큰곰자리가 힘을 상징하기 때문이에요.

유럽의 나라마다 북두칠성은 다른 이름으로 불려요. 독일은 '큰 수레'라는 뜻의 '그로서 바겐Großer Wagen'이라고 하고, 핀란드는 '연어 그물'이라는 뜻의 '오타바Otava'라고 하지요.

# 목성

## 장중함과 웅대함의 행성

목성은 우리 태양계의 거인이에요. 태양계의 다른 행성을 전부 합해서 목성 안에 넣어도 공간이 반이나 남지요! 거대하고 알록달록한 가스 덩어리인 목성에는 강력한 바람이 끊임없이 불어요.

## 목성 Jupiter
### 가스 거인

태양에서 다섯 번째 행성인 목성은 우리 태양계에서 가장 큰 행성이에요. 하지만 가스 행성이라 발을 내디딜 단단한 땅이 없어요. 목성은 흰색과 붉은색의 띠구름에 덮여 있고, 특징적인 대적반(커다란 붉은 점)이 있어요.

크기가 그렇게 큰데도 목성은 아주 빠른 속도로 자전해요. 목성의 하루는 지구 기준 10시간도 되지 않지요.

태양과 목성의 거리는 태양과 지구 거리의 5배예요. 그래서 햇빛이 목성까지 가는 데는 43분이 걸려요!

### 대적반

목성은 두껍고 흐린 대기에 덮인 격렬한 행성이에요. 목성을 망원경으로 보면 회오리치는 거대한 무늬가 있어요. 대적반이라고 하는 이것은 크기가 지구의 2배나 되는 거대한 폭풍이에요. 300년도 넘게 계속 불고 있는 엄청난 폭풍이지요!

유로파
Europa

가니메데
Ganymede

목성에는 달이 최소한 797개나 있어요. 그중 가장 큰 달 네 개는 이오, 가니메데, 칼리스토, 유로파라는 이름이에요.

이 네 개의 달 중 세 곳에는 얼음에 덮인 표면이 있고, 그 표면 아래에 액체 상태의 물로 이루어진 큰 바다가 있을지도 몰라요. 이 사실은 중요해요. 그곳에 생명이 있을지도 모른다는 뜻이니까요.

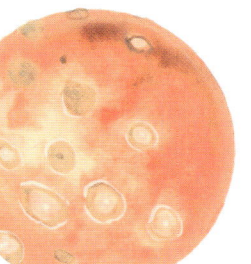

이오
Io

칼리스토
Callisto

목성의 구름은 온도가 영하 145°C까지 내려가지만 목성 중심부 근처는 아주아주 뜨거워요.

## 태양계의 제왕

목성은 크기도 크고 소용돌이, 띠무늬, 크고 붉은 점 때문에 모양도 독특해요.

목성은 태양처럼 주로 수소와 헬륨으로 이루어져 있어서 별이 될 수도 있었어요.
하지만 크기가 별로 커지지 않아서 별처럼 타오르지 못했어요.
목성은 태양에서 거리가 먼 바깥쪽 행성 중 첫 번째예요.
안쪽 행성인 수성, 금성, 지구, 화성은 암석 행성이에요.
바깥쪽 행성 중 목성, 토성은 거대 가스 행성이고,
천왕성과 해왕성은 거대 얼음 행성입니다.

| 수성 | 금성 | 지구 | 화성 | 목성 | 토성 | 천왕성 | 해왕성 |
| Mercury | Venus | Earth | Mars | Jupiter | Saturn | Uranus | Neptune |

##  목성을 만나 봐요

이탈리아의 천문학자 갈릴레오 갈릴레이는 400년도 더 전에 사상 최초로 망원경으로 목성을 관찰해서 네 개의 큰 달을 발견했어요.

주노
juno

목성을 근접 관찰한 최초의 우주선은 1970년대의 탐사선 파이어니어호와 보이저호였어요. 1995년에는 갈릴레오호가 목성을 자세히 연구했지요.
21세기에는 카시니호와 뉴허라이즌스호도 (태양계 더 먼 곳으로 가는 길에) 목성을 관찰했어요.
최근에는 목성과 네 개의 달만을 관찰하기 위해 주노호를 발사했어요. 주노호는 그때부터 계속 고해상도 이미지와 데이터를 지구로 보내고 있어요. 목성은 태양계에서 방사능이 가장 강한 행성이라서 이것은 쉬운 일이 아니에요.
가까운 미래에 유로파 클리퍼호와 주피터 아이스 문스 익스플로러호가 목성의 멋진 얼음달들을 살펴볼 예정이에요.

# 목성을 찾아봐요

목성은 밝고 꾸준한 흰색 빛을 내기 때문에 쌍안경이나 망원경 없이도 지구 어디에서나 볼 수 있어요. 대체로 목성은 밤하늘에서 금성에 이어 두 번째로 밝은 행성이에요. 밤하늘에서 가장 밝은 별인 시리우스보다도 훨씬 더 밝지요. 목성이 (13개월에 한 번 정도) 지구를 가까이 지나갈 때면 훨씬 더 밝게 보여요. 태양에 가까워지면 지구에서는 보이지 않지만, 그래도 걱정할 필요 없어요. 곧 다시 돌아올 테니까요!

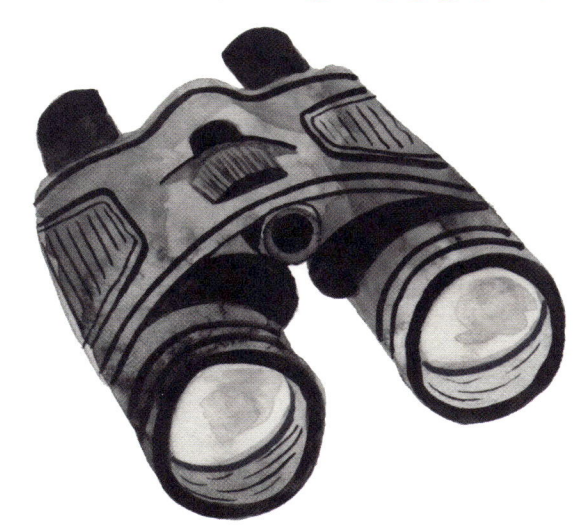

## 역사 속 목성 이야기

목성을 가리키는 영어 '주피터Jupiter'는 고대 로마의 신 '유피테르Iuppiter'에서 왔어요. 천둥과 번개의 신 유피테르는 신들의 왕으로 하늘을 다스렸어요.

힌두교 점성술사들은 목성을 선생님으로 여겼어요. 목성이 지혜와 배움을 준다고 생각했거든요.

게르만과 북유럽 신화에서 목성은 토르Thor 신을 나타내요. 토르는 하늘, 천둥, 번개의 신으로, 신들의 왕 오딘의 아들이에요.

한국, 중국, 일본, 베트남에서 목성은 '나무의 별'이라는 뜻이에요. 이 이름은 중국의 음양오행설에서 왔고, 음양오행설은 세상이 끊임없이 변한다는 원리이지요.

바빌로니아인들은 목성을 '마르두크Marduk'라고 생각했어요. 마르두크는 바빌론시(오늘날 이라크에 위치)의 수호신이었지요. 이들은 기하학을 사용해서 목성이 하늘을 지나가는 경로를 추적했어요.

# 시리우스

## 광채와 충성의 별

시리우스는 우리의 검은 하늘에서 가장 빛나는 별이에요.

눈길을 사로잡는 밝은 빛의 시리우스는 큰개자리에 있어요. 시리우스의 다른 이름인 '천랑성'도 '하늘의 개'라는 뜻이지요.

# 시리우스 Sirius
### 천랑성

밤하늘에서 가장 밝은 별 시리우스는 크기가 태양의 2배이고, 밝기는 25배나 돼요! 하지만 태양에 비하면 훨씬 작고 침침해 보이지요. 그것은 시리우스가 지구에서 거의 9광년 거리에 있기 때문이에요. 시리우스라는 이름은 '빛나다'는 뜻의 그리스어 '세이리오스 Seirios'에서 온 말이에요.

## 개의 계절

영어에 '도그 데이즈 DOG DAYS'라는 말이 있어요. 이는 '개의 계절'이라는 뜻으로 여름 중 가장 더울 때를 가리켜요. 고대인들은 '하늘의 개'인 시리우스가 낮 하늘에서 태양에 가까워지면 더위가 가장 심해진다고 여겼어요.

모든 별이 다 그렇듯이 시리우스도 우주 공간을 이동하는데, 시리우스는 특히 우리 태양계에 점점 가까워지고 있어요. 그래서 먼 미래에는 지금보다도 훨씬 밝게 보일 거예요.

시리우스는 짝꿍이 있어요! 실제로 시리우스는 서로를 도는 두 개의 별이거든요. 그것들을 각각 '시리우스 A'와 '시리우스 B'라고 해요. 밤하늘에 보이는 많은 별이 이렇게 시리우스처럼 쌍성계예요.

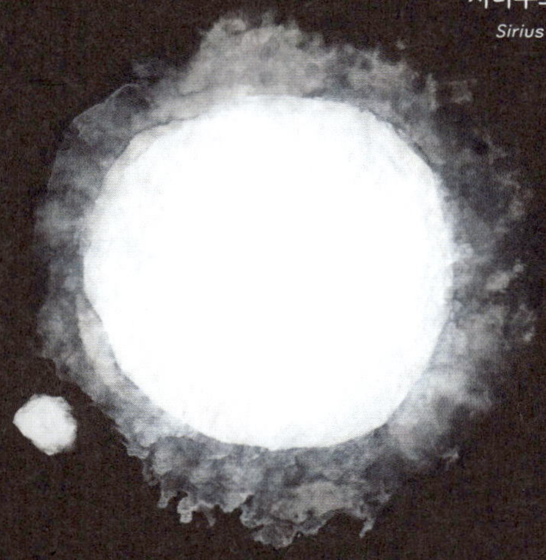

시리우스 A
*Sirius A*

시리우스 B
*Sirius B*

우리 맨눈에 보이는 별은 훨씬 크고 밝은 시리우스 A예요. 시리우스 B는 별이 죽고 남은 침침한 핵 부분으로 백색왜성이라고 해요.

## UFO

시리우스는 반짝이면서 빛이 변해요. 특히 지평선 근처에 있을 때 더 반짝이지요. 그래서 많은 사람들이 시리우스를 UFO로 신고했어요!

하지만 시리우스 자체의 색은 변하지 않아요. 지구 대기가 시리우스의 별빛에 영향을 미쳐서 우리의 눈에 다르게 보이는 거랍니다.

## 별의 탄생과 죽음 →

하늘에 보이는 모든 별은 수소라는 기체와
먼지구름이 합해져서 생겨난 거예요.
이런 구름 각각을 '성운'이라고 해요.

별이 태어날 때는 먼저 성운이 붕괴해서
뜨거운 핵심부를 만들어요.
이것을 '원시성'이라고 해요.
원시성이 계속 뜨거워지면
마침내 헬륨이라는 기체가 생겨나요.
이 과정에서 열과 에너지가 만들어지고
원시성은 별이 되어 반짝이지요!
별들은 온도, 크기, 밝기가 다 달라요.
하지만 운명은 똑같아서 연료가 떨어지면 결국 죽어요.
크기가 작은 별은 별을 이루던 물질이
우주 공간으로 흩어지고 뜨거운 핵심부만 남아서
백색왜성이 돼요. 시리우스 B가 이런 경우지요.

크기가 큰 별은 죽을 때 '초신성'이라는
거대한 폭발을 일으키고, 때에 따라
중성자별이라는 밀도가 어마어마한 물체로 변해요.
아주아주 큰 별이 붕괴하면 블랙홀이라는
수수께끼의 물체가 생겨나지요.

## 하늘의 개

시리우스는
남쪽 하늘의
별자리인
큰개자리에 있어요.

## 시리우스를 찾아봐요

먼저 오리온의 허리띠를 찾아보세요.
허리띠의 세 별을 연결한 선을 왼쪽으로 계속 뻗으면
허리띠 길이의 8배가량 떨어진 거리에 시리우스가 있어요.
시리우스는 두드러지는 청백색이고
주변에서 가장 밝은 별이에요.
시리우스는 지평선에 가까워지면 색깔이 달라져요.
별빛이 더 두꺼운 대기를 뚫고 오기 때문이지요.

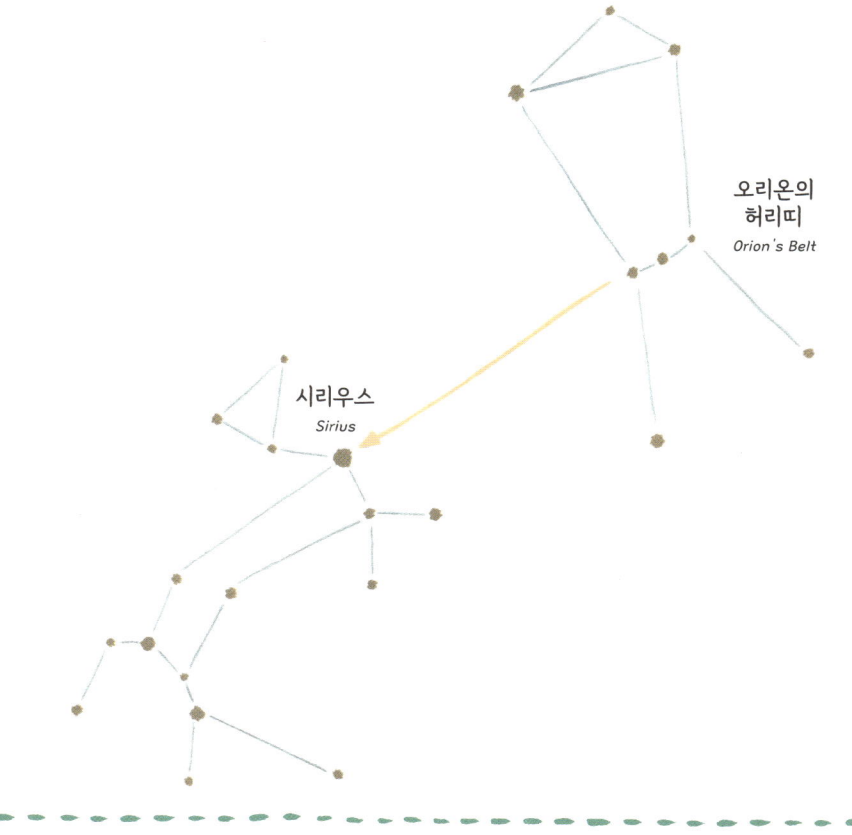

오리온의
허리띠
Orion's Belt

시리우스
Sirius

그리스 신화에서 큰개자리는
사냥꾼 오리온자리를 따라가는 개 두 마리 중 하나예요.
이 개는 근처에 있는 희미한 별자리인 토끼자리를 쫓는 모습이에요.
오리온자리 옆에 있는 작은 사냥개는 작은개자리예요.
그리스 신화에는 이 별자리와 관련한 다른 이야기도 있어요.
여기서 큰개자리는 영원히 사냥감을 추적할 운명인
사냥개 라일라프스Laelaps예요.
신들의 왕 제우스가 에우로파Europa 공주에게 라일라프스를 선물로 주었는데,
이후 라일라프스는 절대로 잡히지 않는
테오메소스의 여우를 사냥하라는 임무를 받지요.
끝없이 쫓고 쫓기는 두 동물을 제우스가 밤하늘에 올려놓았어요.

## 역사 속 시리우스 이야기

고대 폴리네시아에서는 시리우스가 큰 새를 가리키는 별자리 마누Manu의 일부라고 보았어요. 이 별자리는 하늘을 두 부분으로 나누기 때문에 바다를 항해하는 데 중요했어요.

뉴질랜드 마오리족은 시리우스를 '타쿠루아Takurua'라고 불러요. 겨울의 시작을 알리는 별이에요.

인도에서는 시리우스를 유디스티라Yudhisthira 왕자의 충성심 강한 개 스바나Svana로 여겼어요. 천국을 찾아가는 길에서 유디스티라 왕자의 형제들은 그를 버렸지만 개는 왕자의 곁을 지켰다고 해요. 유디스티라와 개는 마침내 천국을 찾아서 함께 들어갔지요.

고대 이집트에서는 시리우스를 '나일 별'이라고 부르고, 오시리스Osiris와 소프데트Sopdet 같은 신으로 여겼어요. 시리우스가 몇 주 동안 사라졌다가 나일강에 홍수가 일기 직전에 나타나기 때문이었지요. 나일강의 홍수는 땅에 영양분을 주는 반가운 일이었어요.

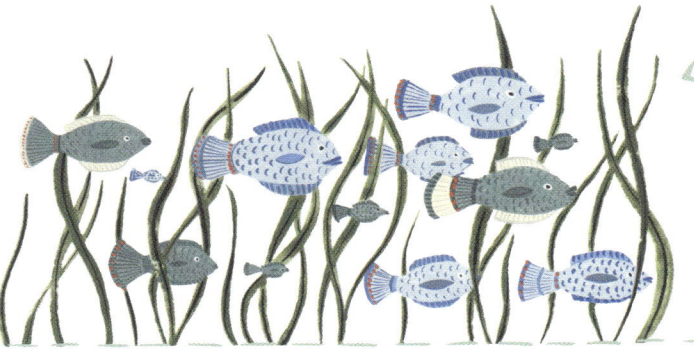

고대 그리스는 하늘에 시리우스가 나타나면 일 년 중 가장 더운 때라고 여겼어요. 시리우스의 반짝이는 빛이 나쁜 기운을 뿜어서 열병을 가져온다고 믿었지요.

# 인공위성

## 통신과 협력의 구조물

오늘날에는 수천 개의 인공위성이 지구의 하늘을 돌면서 지구의 생명체들에게 많은 도움을 주고 있어요.

그중에 가장 큰 인공위성은 국제 우주 정거장(ISS)이지요.

# 인공위성
### 지구 궤도의 비행자

위성이란 어떤 천체를 공전하는 물체를 말해요. 달, 행성, 소행성, 심지어 별(항성)도 위성이 될 수 있어요. 우리 지구도 태양을 도는 위성이지요! 이런 것은 우주에 자연적으로 있는 위성이에요. 하지만 인공위성은 인간이 만든 기계로, 로켓에 실려 우주 공간으로 발사돼요. 그런 뒤 지구나 다른 천체 주변을 돌지요.

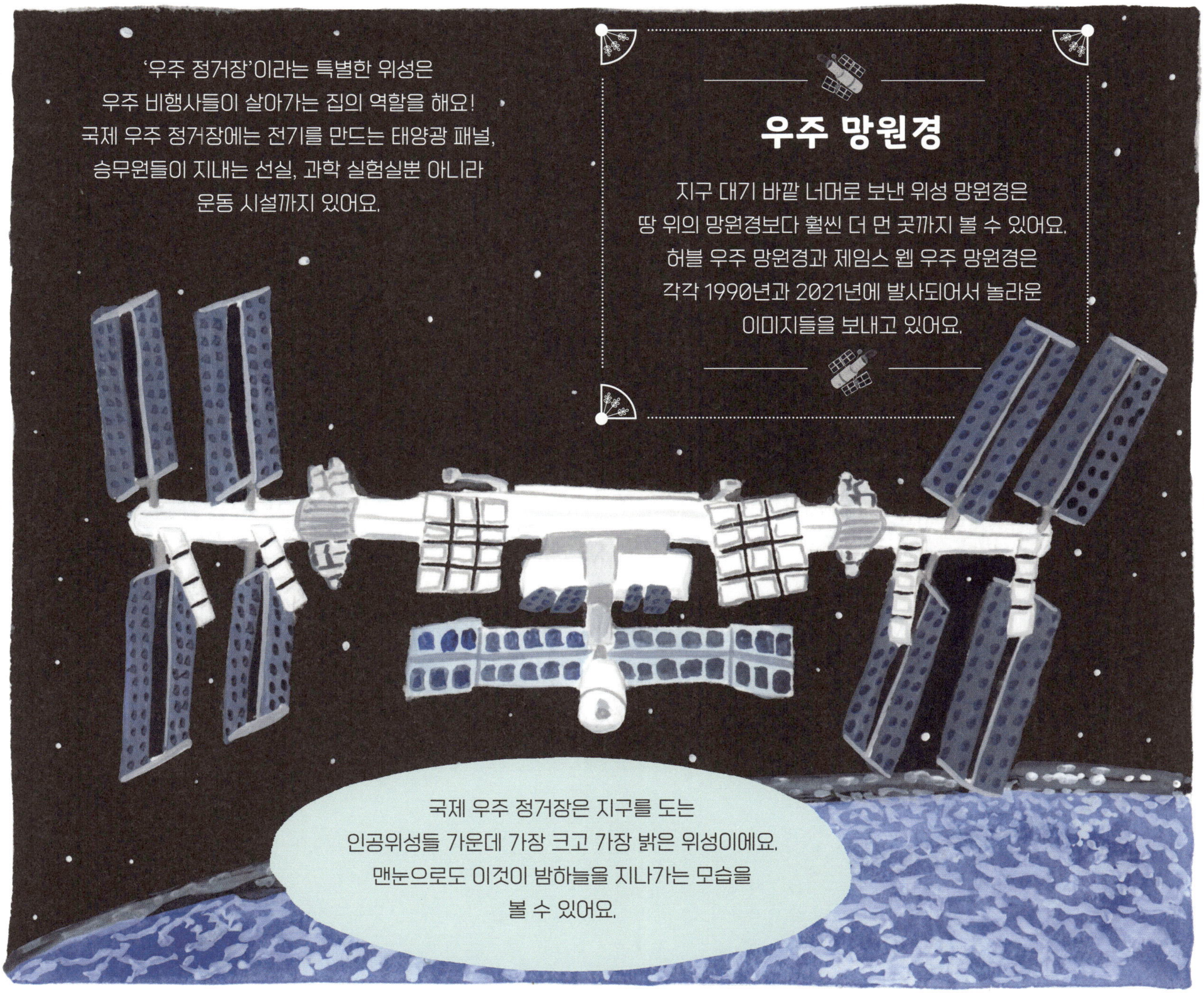

'우주 정거장'이라는 특별한 위성은 우주 비행사들이 살아가는 집의 역할을 해요! 국제 우주 정거장에는 전기를 만드는 태양광 패널, 승무원들이 지내는 선실, 과학 실험실분 아니라 운동 시설까지 있어요.

## 우주 망원경

지구 대기 바깥 너머로 보낸 위성 망원경은 땅 위의 망원경보다 훨씬 더 먼 곳까지 볼 수 있어요. 허블 우주 망원경과 제임스 웹 우주 망원경은 각각 1990년과 2021년에 발사되어서 놀라운 이미지들을 보내고 있어요.

국제 우주 정거장은 지구를 도는 인공위성들 가운데 가장 크고 가장 밝은 위성이에요. 맨눈으로도 이것이 밤하늘을 지나가는 모습을 볼 수 있어요.

## 우주에서 알려 주는 지구

이런 인공 우주 물체들은 우리가 지구의 어디에 있는지 정확한 위치를 알려 줘요. 위성항법시스템(GPS)은 30개가 넘는 위성의 집단으로, GPS 수신기(휴대전화 등)와 통신을 해서 사람들이 이동할 때 길을 찾게 도와주지요. 다른 인공위성들은 우리가 텔레비전을 보고, 인터넷을 하고, 전화를 할 수 있게 해 줘요. 통신위성은 지상 텔레비전 송신기와 전화기의 신호를 받아서 다른 지역으로 보내는 일을 해요.

##  지구 관측

인공위성은 태양계와
우주에 대한 지식을 넓혀 줄 뿐 아니라
우리 지구에 대한 정보도 탐구해요.

위성이 찍은 최초의 지구 사진은 1959년 미국이 발사한 익스플로러 6호가 보낸 것이에요.
인공위성은 지구 위의 아주 넓은 지역을 한꺼번에 관찰할 수 있어요. 관찰 가능 영역이 한정된 지상의 관측 수단들보다 아주 큰 장점이지요.
위성에 장착된 과학 장치들은 지구의 땅, 물, 얼음, 공기, 대기에 대한 정보를 모아요.
과학자들은 이것을 가지고 여러 해에 걸쳐 지구를 연구해요.
기후 변화에 대한 연구 등이 그 예지요.
위성은 날씨 예측에도 도움을 줘요.
위성에서 얻은 정보 덕분에 농민들은 어떤 작물을 언제 심어야 하는지, 물은 어떻게 관리해야 하는지 전보다 더 잘 알게 되었지요.
어떤 위성들은 화산 폭발, 산불, 태풍 같은 자연재해도 관찰해요.

## 우주 정거장을 만나 봐요 →

인류는 탐험을 멈춘 적이 없어요.
위성 발사가 처음 성공한 이후, 우주 계획은 갈수록 규모가 커졌고 2000년에는 국제 우주 정거장 발사라는 중대한 성과를 이루었어요. 이곳은 우주 비행사들이 직접 생활하면서 연구하는 영구적인 기지 역할을 해요.

## 위성을 찾아봐요

국제 우주 정거장에서 승무원들이 생활하고 일하는 공간은
방 여섯 개짜리 집만 한 크기예요.
밤하늘에서 가장 찾기 쉬운 위성인 국제 우주 정거장은
시속 28,000km의 속도로 지구를
90분에 한 바퀴씩 돌지요.
우리가 보는 게 국제 우주 정거장(ISS)인지 빠르게 날아가는
비행기인지 어떻게 알 수 있을까요?
먼저 위성들은 비행기처럼 깜박이는 빛을 내지 않아요.
ISS는 해돋이나 해넘이 무렵에 더 보기 쉬워요.
가장 빛날 때 ISS는 금성만큼 밝고 시리우스보다
몇 배나 더 밝지요.
우리가 보는 빛은 실제로는 태양광 패널에 반사된 햇빛이에요.
북반부는 여름밤이 짧아서 햇빛이 ISS를 더 오래 비추지요.
끈기 있게 관찰하면 머리 위로 ISS가 지나가는 모습을
여러 차례 볼 수 있어요.

ISS 건설은 세계 여러 나라가 협력한 대형 사업이었어요. 각기 다른 나라의 공학자 수천 명이 지상에서 각각의 부품을 만들었어요. 이것을 로켓에 실어 발사했고 우주 비행사들이 우주에서 그것을 조립했어요!
ISS는 2000년부터 사람이 살면서 지구 위 400km 높이에서 지구를 돌고 있어요.
ISS에는 6명 이상의 승무원이 미세중력(아주 작은 중력) 환경에서 살지요.
우주 정거장은 우주 공간의 실험실이고, 우주 비행사들은 지구의 생명체들에게 도움이 될 연구를 수행해요. 우주 공간에서 생활하는 것이 인체에 어떤 영향을 미치는지도 연구하지요.

# 역사 속 위성 이야기

1957년에 소련이 최초의 인공위성 스푸트니크 1호를 쏘아 올리자 미국과 소련 사이에 우주 경쟁의 불이 붙었어요.

소련은 그 한 달 뒤에 스푸트니크 2호를 발사했는데 여기 개를 태워서 보냈어요! 모스크바 길거리의 떠돌이 개 라이카는 우주 공간으로 날아간 최초의 동물이 되었지요.

1990년에는 허블 우주 망원경이 지구 궤도에 들어가서 심우주에 대한 멋진 사진들을 보내기 시작했어요. 2021년에는 제임스 웹 우주 망원경이 발사되어서 환상적인 이미지들을 보내고 있지요.

1961년 4월 12일에는 유리 가가린이 인류 최초로 우주 공간에 나갔어요. 그는 보스토크 1호라는 캡슐을 타고 지구를 한 바퀴 돈 뒤 무사히 귀환해서 새로운 역사를 썼지요.

1960년에는 나사가 최초의 기상위성 타이로스 1호를 발사했어요.

# 아크룩스 Acrux
### 남십자자리 알파별

남십자성은 남십자자리라는 별자리의 한 성군인데, 아크룩스는 이 남십자성의 한쪽 끝에 있어요. 그리고 이 별자리 전체에서 가장 밝은 별(알파별)이지요. 남십자자리는 88개의 공식 별자리 가운데 면적이 가장 작지만, 남쪽 밤하늘에서 가장 친숙한 별자리예요.

**우주의 보석**

남십자성 서쪽에는 하늘의 보석함이 있어요. 망원경으로 보면 이 별들은 화려한 보석을 모아놓은 것 같아요.

남십자성을 이루는 별들은 아크룩스, 미모사, 가크룩스, 이마이와 함께 어두운 다섯 번째 별 기난도 있어요.

남십자성은 높이가 6°밖에 되지 않아요. 하늘의 각도를 측정하려면 손등을 얼굴 쪽으로 해서 주먹을 쥐어 보세요. 그런 뒤 팔을 쭉 뻗어서 하늘을 가리키면 우리 주먹의 폭이 10°가량 됩니다.

아크룩스는 지구에서 321광년 거리에 있어요.

아크룩스는 하늘 전체에서 열세 번째로 밝은 별이에요. 별빛은 청백색이고 위치는 남십자성 맨 아래쪽이지요. 이 십자가는 세로선이 가로선보다 길어요.

**길잡이별들**

남십자성 세로선의 양쪽 끝에 있는 가크룩스와 아크룩스는 항해에 사용되는 58개의 별에 속해요. 아크룩스는 적도 아래 남반구 항해자들의 친구예요. 아크룩스는 어느 쪽이 남쪽인지를 알려 주지요.

아크룩스는 맨눈으로 보면 한 개의 별 같지만 실제로는 여러 개의 별로 이루어진 항성계예요. 이 항성계의 가장 큰 별 두 개는 태양보다 더 크고 뜨거워요.

## 남쪽을 알려면

수백 년 동안 남쪽 바다를 항해하는
선원들은 하늘의 남십자성을
이정표로 삼았어요.

지구 북반구에 사는 사람들은
북극성이라는 하나의 별에 의지해서
천구의 북극(하늘의 북극)을 찾았어요.
우리의 눈에 보이는 수많은 별 중
천구의 남극에 가장 가까운 것은
팔분의자리 시그마성Sigma Octantis이에요.
그런데 이 별은 너무 희미해서 육지, 공중, 바다
어디에서도 방향을 찾는 데 도움이 되지 않지요.
그래서 남반구 사람들은 남십자성이라는
별무리를 보고 천구의 남극(남쪽 하늘의 별들이
도는 중심점)을 찾아요.
천구의 남극을 찾으려면 십자가
맨 위의 별(가크룩스)과 맨 아래의 별(아크룩스)을
가상의 선으로 연결하세요.
그런 뒤 그 선을 4배로 길게 뻗어 내리면 되지요.

## 별자리를 만나 봐요

오늘날 북반구 지역에서는
대체로 남십자자리가 보이지 않아요.
하지만 몇천 년 전에는 사정이 달랐어요.

고대 그리스인들은 남십자자리를 똑똑히 볼 수 있었어요.
그런데 그들은 남십자자리를 센타우루스자리Centaurus라는
다른 별자리의 일부로 여겼어요.
그 뒤로 '세차운동(지구의 축이 흔들리는 것)' 때문에
하늘에서 별들의 위치가 천천히 바뀌었어요.
남십자자리 위치도 오랜 세월 동안 조금씩 바뀌어서
어느새 남쪽 하늘에서 보이게 된 거예요.

## 아크룩스를 찾아봐요

아크룩스는 남십자성의 다른 별들처럼 남쪽 하늘에서
일 년 내내 볼 수 있어요. 남십자성은 찾기 쉽지요.
남쪽 하늘에서 특히 눈에 잘 띄는 모양이거든요.
남십자성은 북반구 중에서도 적도에
가까운 지역에서는 볼 수 있어요.
그리고 남쪽으로 갈수록 별의 위치가
하늘 높은 곳으로 올라가지요.
하지만 북반구 대부분의 지역에서는 남십자성이
지평선 위로 떠 오르지 않아서 볼 수가 없어요.

# 역사 속 아크룩스 이야기

'아크룩스'는 미국 천문학자 일라이자 힌스데일 버릿이 1800년대에 붙인 이름이에요. 남십자자리를 뜻하는 '크룩스Crux'에 '아(A)'를 붙인 거지요. 그는 보통 사람들에게 천문학을 알리는 글을 많이 썼어요. 아크룩스라는 이름은 2016년에 천문학계에서 공식적으로 인정했어요.

잉카인들은 남십자성을 '차카나Chakana'라고 불렀어요. 케추아어로 '다리' 또는 '계단'이라는 뜻이에요. 그들은 이 별이 안데스 산지 주민들을 우주와 연결해 준다고 생각했어요.

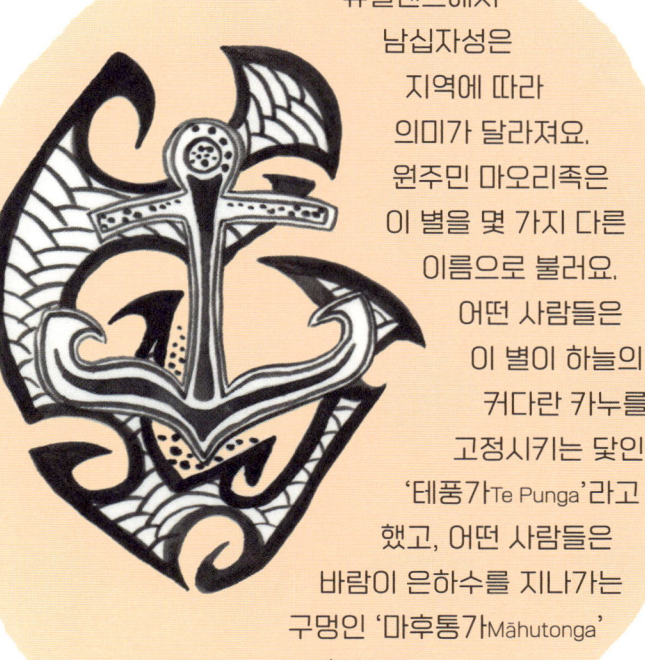

뉴질랜드에서 남십자성은 지역에 따라 의미가 달라져요. 원주민 마오리족은 이 별을 몇 가지 다른 이름으로 불러요. 어떤 사람들은 이 별이 하늘의 커다란 카누를 고정시키는 닻인 '테풍가Te Punga'라고 했고, 어떤 사람들은 바람이 은하수를 지나가는 구멍인 '마후통가Māhutonga'라고 했어요.

남십자성은 오스트레일리아, 뉴질랜드, 브라질, 파푸아뉴기니 등의 국기에 새겨져 있어요. 브라질에서는 남십자성을 '크루제이로 도 술Cruzeiro do Sul'이라고 해요. 국가 가사에도 나오지요.

오스트레일리아 원주민들은 남십자성과 그 사이의 검은 부분(석탄자리 성운)이 하늘 에뮤의 머리라고 생각해요. 원주민 전설에서 에뮤Emu는 여러 창조 신화의 영혼들이에요.

# 은하수

## 광대함과 아득한 역사의 천체

지구는 태양계에 있는 우리의 집이고, 태양계에 별은 태양밖에 없어요.

하지만 태양은 우리은하(은하수)의 무수한 별 중 하나일 뿐이지요.

# 은하수 Milky Way
### 우리은하

은하수는 광대한 우주에서 우리가 살아가는 집이에요. 우주는 엄청나게 많은 별, 행성, 먼지, 가스가 중력이라는 힘으로 한데 모인 거대한 집단이에요. 우리 하늘에 보이는 모든 별과 행성은 은하수에 속한 것이지요. 우리가 은하수 안에 있어서 은하수 전체를 볼 수는 없지만 그 일부는 볼 수 있어요.

## 국부은하군

우리은하는 30개 이상의 은하가 모인 '국부은하군'이라는 집단의 일부예요. 이 은하 중에 안드로메다은하도 있어요. 안드로메다은하는 우리은하에 가까운 은하 중에 가장 큰 나선형 은하로, 약 200만 광년 거리에 떨어져 있어요.

은하수에 있는 별들은 대부분 그 주변을 공전하는 행성이 있다고 여겨져요. 과학자들은 우리 태양계 바깥에서 수천 개의 행성을 발견했어요. 이런 행성들을 '외계행성'이라고 해요.

우리은하는 크기가 어마어마해서 끝에서 끝까지 거리가 8만7천 광년이 넘어요.

우주에서는 모든 것이 움직여요! 지구가 태양을 공전할 때 태양계는 은하수 중심부를 공전하지요. 은하수의 중심부는 궁수자리 A*라는 블랙홀이에요.

우리은하는 중심부에서 네 개의 큰 나선형 '팔'이 뻗어 나온 모습이에요.

우리 태양계는 오리온자리 팔이라는 비교적 작은 팔에 있고, 우리은하 중심부와 가장자리 중간쯤에 자리하지요.

## 미래의 충돌

우주는 광대하지만 이따금 은하들이 서로 부딪히기도 해요. 은하수와 안드로메다도 언젠가 충돌하지만 앞으로 40억 년 이상 지나야 해요.

## 은하 →

은하수는 지구보다 훨씬 먼저 태어났어요. 우리은하는 나이가 우주와 비슷한 130억 년 정도예요.

나선형

불규칙형

타원형

은하는 우주에 흩뿌려진 별들의 섬과 비슷해요. 크기도 모양도 제각각이지요. 우리은하 같은 나선형 은하는 빛나는 바람개비 모양이에요. 타원형으로 생긴 '타원 은하'도 있고 불규칙한 모양의 은하도 있습니다.

1927년에 네덜란드 천문학자 얀 오르트는 은하수가 은하의 중심부를 공전하는 것을 확인했어요. 과학자들은 은하의 중심부에는 대개 초거대 질량 블랙홀이 있다고 생각해요. 블랙홀은 우주 공간에서 중력이 엄청나게 강한 곳을 가리켜요. 은하수 중심부의 블랙홀은 질량이 태양의 400만 배나 돼요! 2022년에 천문학자들은 이런 블랙홀의 이미지를 처음으로 공개했어요. 블랙홀은 아주 캄캄해서 눈에 보이지 않지만, 과학자들은 망원경을 이용해서 천천히 도는 물질과 휘어진 빛에 둘러싸인 '그림자'라는 어두운 지역을 관측하지요.

## 은하를 만나 봐요

백 년 전까지만 해도 천문학자들은 우리은하가 세상의 전부인 줄 알았어요. 하지만 1920년대에 미국의 천문학자 에드윈 파월 허블이 드넓은 우주에는 은하가 셀 수도 없이 많다는 걸 확인했어요! 1990년에 발사한 허블 우주 망원경은 은하들이 어떻게 생겨나고 진화하고 서로 영향을 주고받는지를 연구하는 데 큰 도움을 주고 있어요.
우리은하 전체를 이해하기는 쉽지 않아요. 은하의 구조와 크기에 대해서는 계속 새로운 사실이 밝혀지고 있지요.
가이아라는 우주 망원경(2013년에 발사)은 은하수의 별 수백만 개를 발견했답니다.
가이아는 우리은하의 3차원 지도를 만들고 있어요!
강력한 제임스 웹 우주 망원경(2021년 발사)은 우주 먼지를 뚫고 그 너머를 볼 수 있게 설계되었어요.
이 망원경은 우주가 형성된 직후에 생겨난 최초의 별과 은하들을 찍을 수 있어요.
다른 은하들이 어떻게 태어나고 변화했는지를 연구하면 우리은하의 과거와 미래에 대해서도 알 수 있지요.

## 역사 속 은하수 이야기

오랜 옛날부터 세계 곳곳의 사람들은 밤하늘을 가로지르는 신비한 빛무리에 대해 여러 가지 이야기를 만들었어요. 고대 그리스에서는 은하수가 제우스의 아내 헤라 여신이 하늘에 뿌린 젖이라고 했어요.

# 은하수를 찾아봐요

은하수는 밤하늘에 길게 뻗은
반짝이는 먼지구름 같은 모양이에요.

우리 눈에 보이는 것은 오리온자리 팔(우리 태양계가 있는
지역)의 일부예요. 이 길쭉한 빛의 띠는 실제로는 아주 먼 곳에
있는 수백만 개의 별이 만드는 거예요.
별들의 거리가 워낙 멀다 보니
그 빛이 한데 합쳐져서 보이는 거지요.
은하수를 제대로 보려면 하늘이 정말로 어두워야 합니다.
그런 환경을 찾으려면 인공조명이 일으키는
빛 공해가 없는 곳으로 가야 하지요.
북반구에서 은하수를 관찰하기 가장 좋은 계절은 여름이에요.
하지만 남반구로 가면 더 좋아요.
거기서는 빛의 흐름이 더 크고 밝게 보이거든요.
(거기서는 우리 시선의 방향이 가스, 먼지,
별이 더 많은 은하 중심부 쪽이기 때문이에요.)

고대 로마에서도 은하수를 신의 젖으로 보고
'비아 락테아 Via Lactea'라고 불렀어요. '젖의 길'이라는 뜻으로,
은하수를 가리키는 영어 '밀키웨이'도 같은 뜻이에요.

한국, 중국, 일본에서 쓰는
'은하수'라는 말은
'은빛 강'이라는 뜻이에요.

핀란드와 에스토니아에서는
은하수를 '새들의 길'이라고 불러요.
그들은 몇몇 철새들이 이주할 때
별을 이용해서 방향을 찾는다는 걸
알았어요.

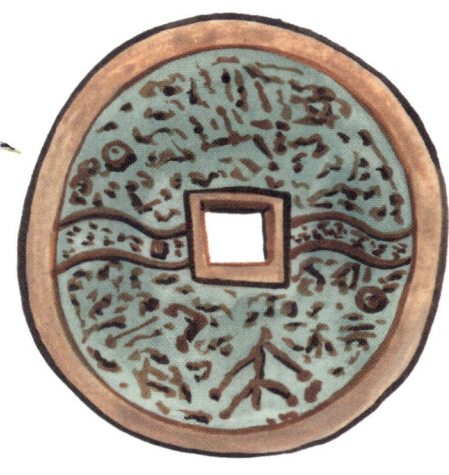

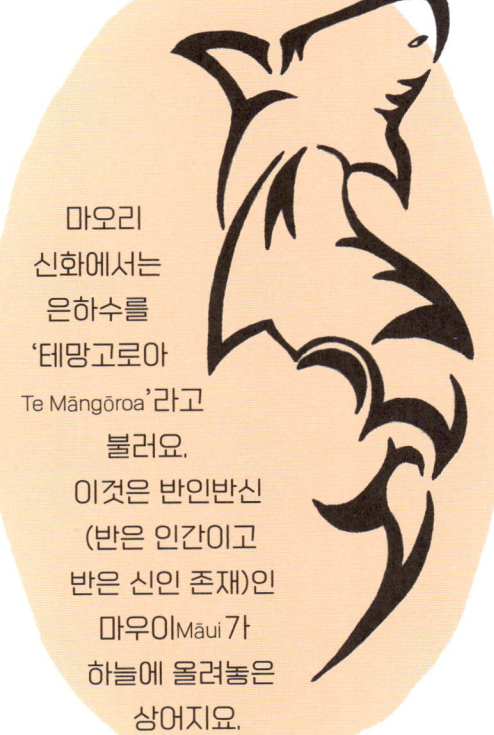

마오리
신화에서는
은하수를
'테망고로아
Te Māngōroa'라고
불러요.
이것은 반인반신
(반은 인간이고
반은 신인 존재)인
마우이 Māui가
하늘에 올려놓은
상어지요.

# 대기

## 화려한 쇼와 보호의 기체

우리와 하늘 사이에는 특별한 유리창이 있어요.
바로 지구의 대기지요. 층층의 담요처럼
지구를 감싼 이 대기가 없으면 지구에는
어떤 생명도 살 수 없어요.

# 대기 Atmosphere
## 공기

지구는 대기로 둘러싸여 있어요. 대기는 생명체에 꼭 필요한 공기의 층이에요. 대기에는 우리가 숨 쉬는 공기가 있어요. 대기는 또 태양의 해로운 빛을 막아서 우리를 보호해요. 소행성을 막아 주는 방패 역할도 하지요. 별들이 깜박이는 모습도 눈부신 오로라도 대기 때문에 생겨나요.

지구의 대기는 산소, 질소, 이산화탄소, 오존, 수증기 등으로 이루어져 있어요.

우리 대기는 크게 다섯 개의 층으로 나뉘어요.

1. 외기권은 대기 가장 바깥쪽의 층이에요. 정확히 어디서 지구가 끝나고 우주가 시작하는지는 정확히 말할 수 없지만 대체로 지구 표면에서 100km 정도 높이부터 우주라고 여겨져요.

### 깜박깜박

별들은 깜박이는 것처럼 보이지만 실제로는 그렇지 않아요. 별빛이 움직이는 공기를 지나가면서 이리저리 꺾이기 때문에 깜박이는 것처럼 보이는 거예요.

2. 국제 우주 정거장을 비롯한 지구 저궤도 위성들은 열권에 있어요. 오로라가 일어나는 높이이기도 하지요.

3. 대부분의 유성은 중간권에서 타 버리고, 눈부신 유성우도 여기서 만들어져요. 대기가 없다면 지구는 달 표면처럼 곰보 자국투성이가 되었을 거예요.

4. 성층권에는 유명한 (그리고 중요한) 오존층이 있어요. 오존은 태양에서 오는 자외선을 막아줘요. 자외선은 지구의 생명체들에게 해로운 태양 에너지예요.

5. 대류권은 지구 표면에서 최대 18km까지 뻗어 있어요. 별로 높지 않아 보일지 몰라도 우리가 숨 쉬는 공기가 전부 여기 있어요. 대부분의 날씨 현상도 여기서 일어나지요.

## 태양풍

북극과 남극 근처의 '오로라'는 아주 신비로워 보이지만, 과학자들은 무엇이 그런 현상을 일으키는지 알아요.

그것은 태양에서 시작해요!
태양에서는 태양풍이라는 게 나와요.
태양풍에는 양성자와 전자라는
작은 입자들이 가득한데,
이 입자들은 에너지가 아주 높아요.
지구는 대기 말고도 자기장이라는 것으로 둘러싸여서
태양에서 오는 이런 입자들을 막아요.
태양풍이 지구로 불어오면 대개 자기장이
그 입자들을 지구 곳곳으로 흩어 보내지요.
하지만 태양풍이 아주 강하면
입자들이 자기장을 통과해 버려요.
그러면 자기장은 이 입자들을
지구의 극지방으로 보내는데,
이 입자들이 특정 지점에서 대기와 충돌하면
빛의 형태로 에너지를 방출해요.
이것이 오로라지요!
태양풍 입자가 대기 중의 산소와 충돌하면
녹색과 붉은색이 나타나고,
질소와 충돌하면 파란색과 보라색이 나타나요.

## 대기를 만나 봐요

과학자들은 지구와 우주의 위성을 이용해서 대기를 연구하고 관측해요. 대기의 변화를 관찰해서 앞으로는 어떻게 될지 예측하려고 하지요.

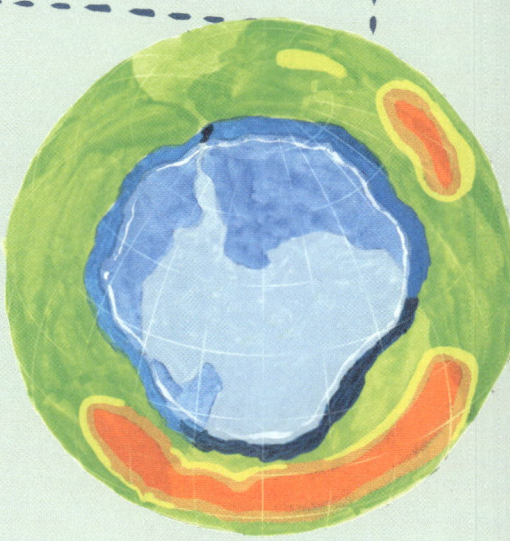

## 오로라를 찾아봐요

오로라의 정식 명칭은 '극광'이에요.
극지방에서 일어나기 때문이지요.
그래서 남극과 북극에 가까이 갈수록
더 잘 보여요. 북쪽에서 오로라를 가장 보기 좋은 곳은
알래스카, 그린란드, 시베리아, 노르웨이, 스웨덴 등이에요.
남극광은 남극에서 가장 잘 보여요.
뉴질랜드, 오스트레일리아 그리고 칠레와
아르헨티나 남부에서도 볼 수 있어요.
오로라를 보기 가장 좋은 때는 겨울 자정 무렵이에요.
제대로 보려면 하늘이 어둡고 맑아야 하므로
도시 불빛에서 멀리 떨어진 곳으로 가야 해요.
그리고 달의 위상도 알아봐야 해요. 달이 너무 밝으면
효과가 떨어질 수 있어요.

수십 년 전에 과학자들은 대기의 오존층이 사라진 것을 발견했어요. 이 '구멍'은 인간이 사용하는 해로운 화학 물질 때문에 생겨났어요. 세계 각국이 힘을 합해서 이 화학 물질 사용을 줄이기로 합의했어요. 이 합의를 '몬트리올 의정서'라고 해요. 그리고 그 일이 효과가 있어서 오존층이 되살아나고 있다는 것이 최근에 확인되었어요.

## 온실 효과 →

이산화탄소 같은 대기 중의 특정 기체들은 지구를 덥게 만들어요.

그런 기체들이 태양에서 온 열의 일부를 지구에 잡아 가두기 때문이지요. 이를 온실 효과라고 해요. 하지만 인간 활동(화석 연료를 태우는 등)이 온실 효과를 키워서 지구 온난화를 일으키고, 이 때문에 환경이 파괴되어서 모든 생명체에 문제가 되지요.

# 역사 속 대기 이야기

극광에 '오로라'라는 이름을 붙인 것은 400년 전의 유명한 천문학자 갈릴레오예요. 이것은 로마 신화 속 새벽의 여신 아우로라Aurora의 이름을 딴 것이지요.

미국 위스콘신주의 메노미니족은 북극광을 마나바이워크manabai'wok (뛰어난 사냥꾼이자 어부인 거인족)의 횃불이라 여겼어요. 이 횃불이 그들에게 고기잡이할 장소를 알려 준다고 생각했지요.

핀란드에서 북극광은 '여우불'이라는 뜻의 '레본툴레트revontulet'라고 불러요. 핀란드 민담에는 신비로운 동물 불여우가 나오는데 불여우가 달리면 그 꼬리가 나무에 스치면서 불꽃이 튀고 이 불꽃이 하늘에 불을 놓는다고 해요.

미국 알래스카 이누이트족 일부는 오로라의 밝은 빛이 그들이 사냥한 연어, 흰고래, 물범, 사슴 같은 동물의 영혼이라고 생각했어요.

# 낱말 풀이

| | |
|---|---|
| **광년** | 빛이 일 년 동안 가는 거리예요. |
| **궤도** | 한 천체가 다른 천체 주변을 도는 원형 또는 타원형의 길을 말해요. |
| **달** | 행성을 공전하는 천연 위성이에요. |
| **대기** | 행성을 감싼 가스층이에요. |
| **방사능** | 핵반응을 통해 방사선을 내보내는 일을 말해요. |
| **백색왜성** | 연료가 떨어져서 밝기가 약해진 작고 단단한 별이에요. |
| **별** | 스스로 중력에 의해 뭉쳐서 밝게 타오르는 가스 덩어리로, 항성이라고도 해요. |
| **별자리** | 하늘에서 특정한 모양을 이루는 별들의 집단이에요. |
| **블랙홀** | 우주 공간에서 중력의 힘이 너무 강해서 빛도 빠져나오지 못하는 지역이에요. |
| **성군** | 별자리 안에 있는 별의 소집단이에요. |
| **성운** | 우주 먼지와 가스의 거대한 구름이에요. |
| **소행성** | 태양 주변을 도는 암석 덩어리예요. |
| **양성자** | 양전하를 띤 아원자 입자예요. |
| **오존층** | 햇빛의 자외선을 막아서 지구를 보호해 주는 가스층이에요. |
| **온실 효과** | 지구 대기의 기체들이 햇빛을 가두어서 지구의 온도를 높이는 일을 말해요. |
| **운석** | 지구 표면에 떨어진 우주 암석이에요. |
| **원시성** | 아직 수소 원자를 헬륨 원자로 만들지 못하는 어린 별이에요. |
| **위성** | 자신보다 큰 천체를 공전하는 자연 또는 인공의 물체예요. |
| **유성** | 지구의 대기를 뚫고 들어오면서 빛줄기 같은 모양을 그리는 우주 암석이에요. |
| **유성체** | 우주를 돌아다니는 작은 천체예요. |
| **은하** | 중력에 의해 한데 모여 있는 별, 행성, 물질의 거대한 집단이에요. |
| **자기장** | 자기력이 작동하는 우주의 지역이에요. |
| **자외선** | 짧은 파장의 전자기 복사로, 사람의 눈에는 보이지 않아요. |
| **적도** | 지구 중심부를 빙 두르는 가상의 선이에요. |
| **전자** | 음전하를 띠는 아원자 입자예요. |
| **중력** | 물질 사이에 서로 끌어당기는 힘을 말해요. |
| **질량** | 물체 안에 있는 물질의 양으로, 중력을 결정해요. |
| **천구의 극** | 지구 남북극 위의 하늘. 별들은 이 지점을 중심으로 도는 것처럼 보여요. |
| **천체** | 별과 행성을 비롯해서 우주에 있는 모든 물체를 말해요. |
| **크레이터** | 천체의 표면에 크고 움푹하게 팬 구멍으로, 주로 운석이 떨어져서 생겨나요. |
| **태양계** | 태양과 태양을 공전하는 모든 물체를 말해요. |
| **태양풍** | 태양에서 나오는 입자의 흐름을 말해요. |
| **행성** | 태양과 같은 별을 공전하는 둥그런 천체예요. |
| **혜성** | 우주의 가스, 암석, 먼지가 얼어붙은 거대한 덩어리예요. |

## 더 알아보기

밤하늘을 빛나게 하는 별과 행성 그리고 천체에 대해 더 알고 싶다면, 아래 웹사이트를 방문해 보세요.

**알마 키즈** almakids.dream.press/en/
**별자리 가이드** constellation-guide.com
**지구 하늘** earthsky.org
**유럽 남부 천문대** eso.org/public
**유럽 우주국** esa.int/kids/en/home
**익스플로라토리엄** exploratorium.edu
**그린피스 천문대** grifithobservatory.org
**작은 천문학** littleastronomy.com
**달·행성 연구소** lpi.usra.edu

**제트추친연구소** jpl.nasa.gov/edu/learn
**나사의 스페이스 플레이스** spaceplace.nasa.gov
**내셔널 지오그래픽 키즈** kids.nationalgeographic.com
**자연사 박물관** nhm.ac.uk
**스페이스닷컴** space.com
**스폿 더 스테이션** spotthestation.nasa.gov
**왕립박물관 그리니치** rmg.co.uk
**한국천문연구원** kasi.re.kr

## 찾아보기

**ㄱ**
가니메데 45
가크룩스 57, 58
국제 우주 정거장(ISS) 52, 53, 54, 65
금성 28, 29, 30, 31, 38, 46, 54
기난 57

**ㄴ**
나사(NASA) 11, 31, 38, 55
남십자성 56, 57, 58, 59
남십자자리 57, 58, 59

**ㄷ**
달 8, 9, 10, 11, 13
대기 64, 65, 66, 67
두베 42

**ㄹ**
리겔 25

**ㅁ**
메그레즈 42
메라크 42
목성 38, 44, 45, 46, 47

미모사 57
미자르 42
민타카 25

**ㅂ**
바람개비 은하 42
베텔게우스 25
북극성 16, 17, 18, 19
북두칠성 18, 40, 41, 42, 43

**ㅅ**
소행성 34
수성 20, 21, 22, 23, 38, 46
시리우스 26, 47, 48, 49, 50, 51
시리우스 A 49
시리우스 B 49, 50

**ㅇ**
아크룩스 56, 57, 58, 59
알니타크 25
알닐람 25
알리오트 40, 41, 42, 43
알카이드 42
오리온자리 24, 25, 26, 27, 34, 50, 61, 63

올빼미 성운 42
우주 망원경 53, 55, 62
운석 34
유로파 45, 46
유성(별똥별) 34
유성체 34
은하수 60, 61, 62, 63
이마이 57
이오 45
인공위성 52, 53, 54, 55

**ㅈ**
작은개자리 27, 50
작은곰자리 18, 19
주노 46
지구 46

**ㅊ**
천구의 남극 58
천왕성 46

**ㅋ**
카이퍼 띠 33
칼리스토 19, 45
크룩스 57

큰개자리 27, 48, 50
큰곰자리 18, 19, 41, 42, 43

**ㅌ**
태양 12, 13, 14, 15
토성 22, 38, 46
토끼자리 27

**ㅍ**
팔분의자리 시그마성 58
페크다 42

**ㅎ**
해바라기 은하 42
해왕성 33, 46
핼리 워치 35
핼리 혜성 32, 33, 34, 35
혜성 34
화성 36, 37, 38, 39, 46
황소자리 27

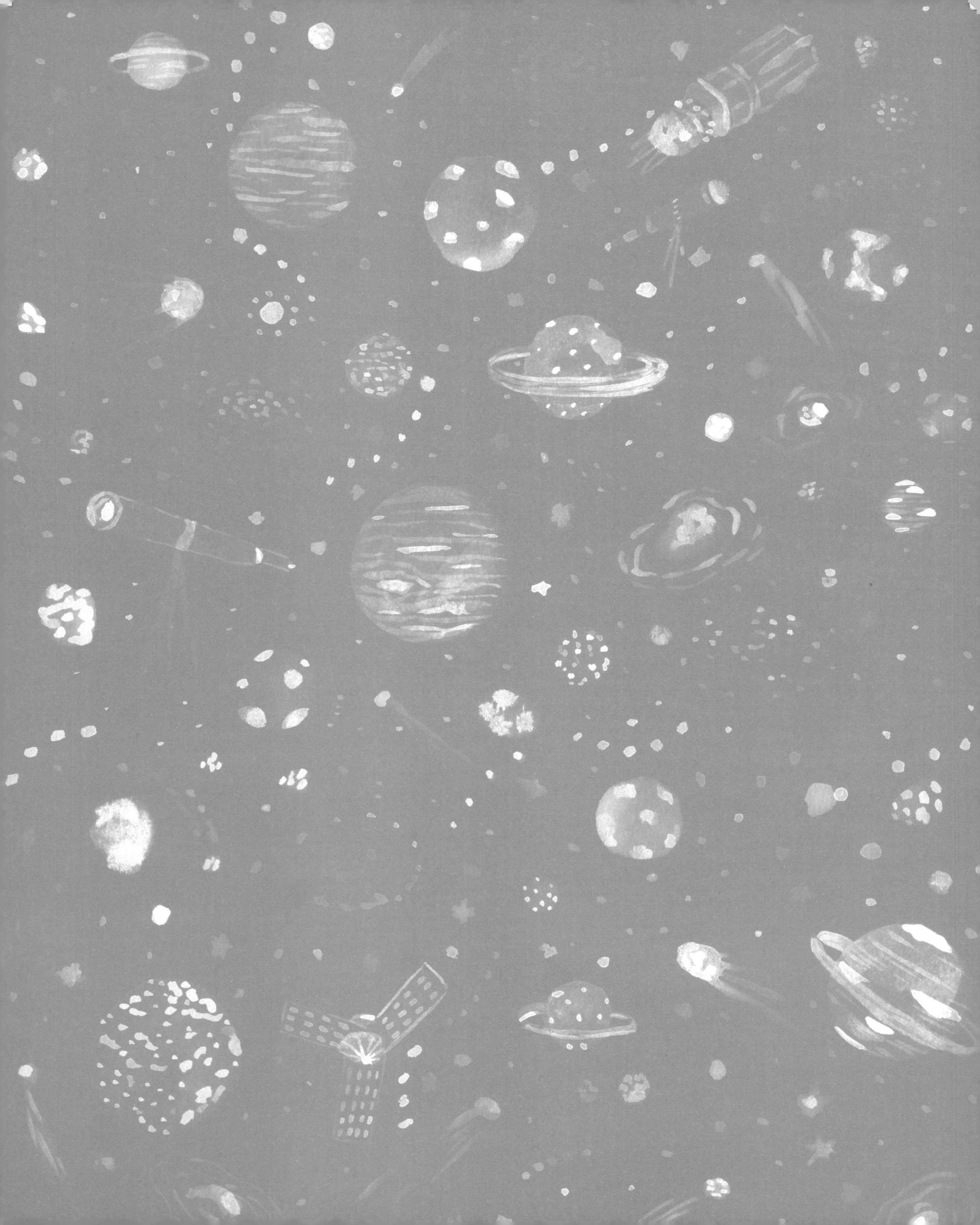